中外女性领导力研究丛书

新媒体环境下女性问题研究

周丽娜　韩运荣　著

中国传媒大學出版社
·北京·

总 序

吴启迪

本套丛书系教育部哲学社会科学研究重大攻关项目“高等教育大众化与媒介融合时代菁英女性培养与领导力提升研究”（项目号：15JZDW002）的成果。

20世纪90年代以来，国际社会呼吁性别议题和性别关切应该纳入社会发展主流，借此改变人类文明进程。1995年在北京举行的联合国第四届世界妇女大会上明确提出“社会性别主流化”的行动纲领。这一行动纲领具有长期的指导意义，是引领人类性别文明的“亚历山大灯塔”。“社会性别主流化”意味着：在社会实践或研究领域洞悉性别问题，作为原因、作为交织影响或作为结果；在法规政策制定和实施中确立性别支持框架，作为顶层设计、作为微观透视或作为合法性论证；在媒体呈现报道里规避性别污名化或复制性别歧视偏见，作为议程设置、作为新闻人价值立场或作为普遍的职业操守。社会性别主流化自然亟待全社会的努力，但是从吁求到行动，及至落地生根，都离不开菁英女性作为先行者的探索和开拓，作为“光源”的引导和辐射。菁英女性的培养和领导力提升，是性别平等事业新历史节点的关键所在。

高等教育大众化及至普及化时代，女性在各行各业的领导力呈现，成为性别平等的新表征。自2006年起，世界经济论坛每年发布《全球性别差距报告》，从经济机会、政治赋权、教育成就、健康和生存四个维度对全球不同国家的性别差距状况进行衡量。根据世界经济论坛最新发布的报告(2020)，教育成就以及健康和生存两个子指数分别为96%和97%，基本实现了性别平等；经济机会、政治赋权两项指数分别为58%和25%，这说明女性经济参与与机会不充分，政治参与严重不足。历史地看，经济与政治指数仍然是历史进步和积极干预的结果，同时醒目的数据也让世人更直观地了解并审视“性别差距”，严肃对待并改变造成性别差距的政策、环境和无形的惯习。

性别差距未被纳入视野，甚或性别平等尚未成为议题的漫长历史阶段，我们可以称之为领导力的性别缺失时代，不言自明，这时领导力等于男性领导力，概念内涵上领导力意味着单一性别即男性的领导本质和特征；这时无论是领导力的经验采撷还是理论探讨，都受制于单调而畸形的性别光谱。本套丛书既从理论上探索女性领导力的实质内涵和本质特征，发掘女性和领导力相遇的丰富思想空间，也关注菁英女性实践所焕发、闪烁的新领导力精神、新领导力文化，同时关切媒介环境变迁中女性活跃的生活世界、“她时代”的新气象和女性面临的新问题。此外还特别关注女性领导力生成机制和社会支持网络。研究表明，在侧重性别培养的教育机构中，性别赋权取得了更显著的成就，其思想火种也更可能随之传播出去，而女性继续教育亟待持续规划和系统政策支持。

性别问题在世界不同地方、不同领域呈现出各自的急迫和重点，有的在为性别机会均等努力，在漫长的学制中教育机会均等也呈现出差异图景；有的或重心落在性别平等在不同领域的差异上，如聚焦女性参政情况、学术领域的隐性性别歧视等；比较一致和普遍的关切是在整个职业生涯中女性发展有形的掣肘和无形的障碍，这方面的政策缺位格外突出。研究还关注国际组织的女性发展政策、欧洲女性参政的光谱，中国传媒领域菁英女性领导力、教育领域中女大学生的成长等问题。伴随新科技塑造的媒介环境，女性日常生活变迁和积极表现是世人瞩目的议题，因而也被纳入丛书研究的视野。

本套丛书围绕菁英女性培养和女性领导力提升展开，但是需要申明的是，性别意识不仅仅是女性教育或女性领导力培养需要特别关注的。隐含或隐藏的性别偏见、性别歧视对两性都造成了困扰和伤害，即使是在充满男性优势地位的世界里，真正的性别及其人格担当并没有建立起来。男性、男孩的教育也应该贯穿于整个学制中，而现实往往是既缺乏女性教育，又缺少男性教育。教育是要构造未来世界的，性别意识、性别议题应该首先与教育制度、教育文化相融合。基于性别的自我理解、同情理解、相互理解之愿景和实践，将引领我们走向新世界和新文明。

目 录

导 论

20 世纪 70 年代末至今,中国的社会结构、政治体制、经济模式、生活方式和思想观念都发生了深刻的变化,我们将这一激变阶段称为社会转型期。英国社会学家安东尼·吉登斯(Anthony Giddens)认为,在社会转型过程中要考虑三大因素,即政治、经济和文化因素。不同于马克思主义将政治、经济因素看成社会变迁的核心要素,英国文化研究派将文化看成社会过程本身。雷蒙德·威廉斯(Raymond Williams)提出,文化是一种特殊的生活方式,体现在社会制度和日常生活之中。因而,对各项制度和日常行为进行批评分析是文化研究的题中要义。"当代社会,由于公众往往接受媒体所呈现的社会现实,因此,当代文化实际上就成了'媒体文化'。"①媒体文化在当代社会已经成为社会权力的形式,话语的力量取代了意识形态的支配。话语与权力是密不可分的,"特定的社会系统中的众多工具、结构和话语都服务于提升社会中现有的特权成员的利益,并损害该社会中现有的弱势成员的利益"②。

① 克兰.文化生产:媒体与都市艺术[M].赵国新,译.南京:译林出版社,2001:4.

② 摩尔.文化资本、符号暴力与专制[M]//薛晓源,曹荣湘.全球化与文化资本.北京:社会科学文献出版社,2005:278.

关于传统社会向现代社会转型的时代特征,马克思和恩格斯曾有经典的概括,在他们看来:"一切坚固的东西都烟消云散了,一切神圣的东西都被消解了,社会处于不停的变动和调整之中。"①美国现代政治学家塞缪尔·亨廷顿(Samuel Huntington)则把其概括为:"现代性孕育稳定,而现代化过程却滋生着动乱。"②

传统社会向现代社会转型的过程是一个不稳定的过程,过去的关系和规则不断被打破,新的关系和秩序逐渐建立起来。中国的社会转型是一个必然趋势,是社会生产力发展的必然结果。这种由传统社会向现代社会的转型,对于每一个人来说,既是一场挑战,也是一场难得的机遇,它把我们从传统社会的各种束缚中解放出来,实现个性的自我发展。

每一个个体在面临这种挑战时,都面临着"不适应",但这场社会转型对女性来说意义更大,挑战和机遇更多。社会转型并没有带来人们观念的更新和转变,在新型社会关系和新媒体的冲击下,女性的社会问题相比于传统社会,仍然普遍存在,有的甚至还恶化了。

本书正是在这样的背景下,通过女性在婚姻、生育、择业、媒介形象等方面的建构和研究,剖析当下女性面临的社会问题及其成因,以期提出合理的建议和思考,引起社会对女性群体的关注,从而更好地从性别角度制定和执行相应的政策。

---

① 中共中央马克思恩格斯列宁斯大林著作编译局.马克思恩格斯选集:第1卷[M].北京:人民出版社,2012:403.

② 亨廷顿.变化社会中的政治秩序[M].王冠华,刘为,等译.上海:上海人民出版社,2008:31.

第一章　女性社会问题的溯源与现状

第一节　社会转型与网络新媒体的发展

一、中国社会的转型与发展

党的“十八大”以来，中国社会治理取得重大新进展，主要体现在：习近平同志提出社会治理新思想，大力度推进社会治理新实践，多方面开拓社会治理新境界。“十八大”以来，中国的政治、经济、社会快速发展，在新形势、新任务和新要求下，习近平以马克思主义理论为基础，提出了一系列相互联系、相互贯通的治国理政新理念、新思想、新战略，形成了系统完整、逻辑严密的科学理论体系，这是中国特色社会主义理论体系宝库中的新成果，是马克思主义中国化的新发展。其中，习近平同志提出的一系列加强和创新社会治理的新思想、新观点、新论断，是近年来中国社会治理领域最为重要的创新性进展与创新性成果。

关于“社会转型”的含义，在我国社会学学者的论述中，主要有三方面的理解:首先是体制转型,即从计划经济体制向社会主义市场经济体制的转变。其次是社会结构变动。持这一观点的学者认为:“社会转型的主体是社会结构,它是指一种整体的和全面的结构状态过渡,而不仅仅是某些单项发展指标的实现。社会转型的具体内容是结构转换、机制转轨、利益调整和观念转变。在社会转型时期,人们的行为方式、生活方式、价值体系都会发生明显的变化。”最后是社会形态变迁,即“指中国社会从传统社会向现代社会、从农业社会向工业社会、从封闭性社会向开放性社会的社会变迁和发展”。① 社会学学者关于“社会转型”含义的论述,对于正确把握社会转型期的形势和任务,无疑有着有益的启示。

在我国当代社会转型的过程中,各个领域都可能面临社会失衡、社会失调、社会失序所导致的各类社会问题。由于巨大的社会变迁,各社会领域的状况将对公众的日常现实生活和发展前景产生不同性质、不同方向和不同力度的影响,以至引起全社会成员的高度关注。当前转型期的社会问题既离不开特定的社会动因,也离不开社会问题的两个前提条件所约定的特性,应当是:改革开放以后以社会主义市场经济为基础的现代化社会转型模式的探索和实践时期,由于急剧的社会变迁,在新旧社会体制、社会规范的交替变化变动中,在社会各个领域显现出的,为社会公众所认定的必须采取一定的措施和手段加以消除的社会困扰。

社会转型期面临的各类社会问题离不开社会治理,党的“十八大”报告提出“加强和创新社会管理”;党的十八届三中全会通过的《中共中央关于全面深化改革若干重大问题的决定》,提出“创新社会治理体制”。

第一,公平正义论。促进公平正义,是习近平同志社会治理思想的核心要义。一是强调健全社会公平保障制度。要实现规则公平,规则面前一视同仁;

---

① 什么是社会转型期?[EB/OL].(2017-05-09)[2020-05-21].https://zhidao.baidu.com/question/584930094.html.

实现机会公平,机会面前人人相同;实现权利公平,公民基本权利一律平等。二是强调走共同富裕道路。既要把“蛋糕”做大,也要把“蛋糕”分好;要避免两极分化,绝不能出现“富者累巨万,而贫者食糟糠”的现象;要更加注重对特定人群特殊困难的精准帮扶,让所有人民群众都过上好日子。三是强调建立共建共享社会。共享社会是全体人民共享发展成果、全面共享发展成果、共建共享发展成果。四是强调问题导向。习近平同志指出:“要把促进社会公平正义、增进人民福祉作为一面镜子,审视我们各方面体制机制和政策规定,哪里有不符合促进社会公平正义的问题,哪里就需要改革。”真正让全体人民群众感受到实实在在的社会公平正义。

第二,法德共治论。法治和德治并举,是习近平同志社会治理思想的重要支柱。他强调:“必须坚持依法治国和以德治国相结合,使法治和德治在国家治理中相互补充、相互促进、相得益彰。”坚持一手抓法治、一手抓德治。法治是治国理政的基本方式,要发挥法治对社会治理的保障、服务和促进作用。习近平同志指出:“培育和弘扬核心价值观,有效整合社会意识,是社会系统得以正常运转、社会秩序得以有效维护的重要途径。”人类社会发展的历史表明,对一个民族、一个国家来说,最深厚、最持久的力量是全社会一致认同的核心价值观。

第三,体制创新论。创新体制机制,是习近平同志社会治理思想的显著标志。他深刻指出:“加强和创新社会治理,关键在体制创新。”一是创新社会治理体制。要建立健全党委领导、政府主导、社会协同、公众参与、法治保障的社会治理体制,确保社会既充满活力又和谐有序。二是创新社会治理方式。习近平同志指出:“社会治理是一门科学。”“随着互联网特别是移动互联网发展,社会治理模式正在从单向管理转向双向互动,从线下转向线上线下融合,从单纯的政府监管向更加注重社会协同治理转变。我们要深刻认识互联网在国家管理和社会治理中的作用。”三是创新社会治理机制。要建立健全党委领导和政府主导的维护群众权益机制、社会利益协调机制、预防和化解社会矛盾机制、社会风险评估机制、突发事件监测预警机制,保证社会治理的常态化、长效化、社会化、智能化。

从"社会管理"到"社会治理",一字之变代表着治理思路的创新与深度变革:由行政色彩更浓的管制转向为有诉求、有困难的群体提供服务;由出现社会矛盾之后的被动平息转向主动分析预判、源头化解;由治标转向标本兼治,重在治本,更加突出了党委领导和政府主导下的多元社会主体共同参与、良性互动的特点。

二、近年来网络新媒体的发展

新媒体是我们这个时代特有的标志。随着经济和科学技术的快速发展,新媒体行业在近十年内异军突起,不仅带来了传统传播格局的转变,也催生了互联网发展下的"她经济"。

(一)技术层面

技术更迭是网络新媒体发展的基础。伴随着人工智能、VR、AR 等前沿技术的进步,新媒体在近几年发生了巨大的变化。

新媒体的产生带来的最显著变化是:改变了人们获取信息和发布信息的方式,打破了传统媒体对话语权的掌控,"草根"也有了向大众表达的麦克风。不论是国家大政还是柴米油盐,公众通过新媒体平台参与到了社会的发展中。传统媒体面对新媒体的冲击,也不断地进行自我纠正和改良,通过不同方式方法进行新旧媒体的融合,积极主动调整传媒产业链,迎合时代发展的大趋势。

(二)国家层面

根据中国互联网络信息中心(CNNIC)发布的第 46 次《中国互联网络发展状况统计报告》,截至 2020 年 6 月,我国网民规模达 9.40 亿,普及率达 67%;我国手机网民规模达 9.32 亿,网民通过手机接入互联网的比例高达

99.2%。其中,我国网民男女比例为 51∶49,与整体人口中男女比例(51.4∶48.9)基本一致。

面对网络技术的快速发展和网民的急剧增加,网络治理成为政府工作的重要组成部分。没有网络安全就没有国家安全,要切实保障国家数据安全。目前,国家通过多举措严管严控与平台自主整改并行的方式进行互联网治理,进一步规范网络发展,加强新媒体用户个人信息保护,促进互联网全球治理合作,推动构建网络空间命运共同体。

同时,国家也在不断加强网络舆论引导,防范网络思潮的风险。2017 年,主流话语体系建设取得重大成就,阵地意识不断强化,但同时也存在着网络思潮对主流意识形态解构的风险。互联网内容建设的首要任务是牢牢把握正确舆论导向,全面提高舆论引导能力。①

(三)性别层面

2014 年 12 月,经济学人智库 EIU (The Economist Intelligence Unit) 发布的亚洲女性网购调研报告显示,女性经济地位在不断增强。女性对家庭开支拥有强大的话语权:购买服饰、化妆品的话语权均为 88%,购买家居用品话语权 85%,休闲旅游 84%,母婴产品 69%。②

女性所展现出的理财消费能力和潜在市场不容忽视,"她经济"在移动互联网时代有了进一步的发展。"她经济"被收录于 2007 年教育部公布的 171 个汉语新词语中,随着女性经济能力和社会地位的提高,围绕女性的消费、理财形成了一种独特的经济现象。

中国女企业家协会常务副会长史清琪认为,随着女性的不断独立和自主

---

① 解读|新媒体蓝皮书:中国新媒体发展报告(2018)[EB/OL].(2018-06-28)[2019-10-25].https://www.sohu.com/a/238184530738143.

② 2014 年亚洲女性网购调研报告 15%的女性为伴侣买单[EB/OL].(2014-12-18)[2019-10-25].http://www.199it.com/archives/315190.html.

消费能力的逐步旺盛,女性正在社会和经济发展中扮演着越来越重要的角色。新浪微博的热门账号、大V账号中,女性成为主要的粉丝群体;电商平台淘宝有近70%的用户为女性。网络成为"她经济"繁荣发展的土壤,造就了新媒体时代女性特有的经济消费现象。

三、新时期女性的发展

习近平总书记在"十九大"报告中提出,我国社会主要矛盾已经转化为人民日益增长的美好生活需要和不平衡不充分的发展之间的矛盾。随着中国经济的快速发展,女性获得了更多的发展机会,社会地位、家庭地位不断提高,国家也出台了诸多法律法规促进两性平等,如宪法、婚姻法、反家庭暴力法等,从顶层设计上促进男女平等,解决女性问题。但是由于我国依然处在社会主义初级阶段,受传统性别文化和市场经济因素的影响,加之西方女性主义思潮的传入,我国女性的发展呈现出不平衡的特性,女性的相关社会问题愈加受到公众的关注。

第一是婚恋观念发生变化。《人民日报》公布的相关数据显示[①],我国结婚登记率连续四年下降,晚婚现象明显。"男大当婚,女大当嫁"这一传统观念正在发生改变,城市化进程加快,婚姻成本也在不断提高。与此同时,离婚率也不断上升,1987至2017年离婚数量由58.1万对增长到437.4万对,离婚率由0.55‰上涨至3.2‰。

第二是女性对家庭收入贡献增强。中国妇女杂志社发布的2018年《女性生活蓝皮书》中的调查结果显示,在城市地区,女性已经成为家庭收入的顶梁柱。《女性生活蓝皮书》对包括台湾和香港在内的约4,300名成年女性(平均

① 31年#中国人婚姻数据#:年轻人晚婚了,离婚率连续15年上涨[EB/OL].(2018-08-16)[2019-07-29]. https://weibo. com/2803301701/GuRe19QEb? from = page_1002062803301701_profile&wvr = 6&mod = weibotime&type = comment #_rnd1559528394596.

年龄为36岁)进行了调查。给出回答的被调查者平均家庭年收入为17.6万元人民币,平均个人年收入为9.2万元人民币,由此可见,女性收入超过了家庭收入的一半。同时,近7成(68.2%)名下有房,其中,与他人共有住房的占45.1%,自有住房的占23.1%,名下无住房的占31.6%。个人和家庭收入越高、学历越高,女性拥有房产的比例越高,如月收入10,000元以上的被调查女性,名下有房产比例高达8成。近40年来,中国经济社会发展迅速,原始的社会观念、家庭结构受到冲击,婚姻的不确定因素增多,稳定性大不如前。

第三,在生育养育方面,多地生育率持续走低。“全面二孩”政策实施以来,中国生育低迷的难题并未被破解,国家统计局发布的数据显示,2018年人口出生率为10.94‰,比2017年下降1.49个千分点。① 鼓励生育的大背景虽然让很多人有了生二孩的自由,但是,也给女性带来了诸多压力。

第四,在就业方面,女性依然被困于职场和家庭的矛盾之间。虽然近几年女性就业率有所提高,但女性在求职过程中面临的歧视问题依然存在,是否结婚、是否生育等问题更在女性求职中频频出现。智联招聘《2018中国女性职场现状调查报告》②发现,平均而言,女性投入家庭的时间比男性高15%,而投入工作的时间比男性少9%。在步入婚姻后,女性相较男性而言,工作时间并未改变,但是投入家庭的时间却在不断增加;35.9%的女性将上下班方便作为选择工作的首要考虑因素,无形中放弃了更大范围的工作选择机会。女性对通勤因素的重视既是出于时间成本的考虑,更是方便顾及家庭的权衡;女性整体收入低于男性22%,更低的薪酬凸显了性别职业选择的分化,同时也说明女性进阶管理层的不足。为缓解家庭压力对女性就业的影响,2019年年初,人力资源社会保障部、教育部等九部门下发《关于进一步规范招聘行为促进妇

① 2018年国民经济和社会发展统计公报[R/OL].(2019-02-28)[2019-09-10].http://www.stats.gov.cn/tjsj/zxfb/201902/t20190228_1651265.html.

② 智联招聘:2018中国女性职场现状调查报告[EB/OL].(2018-07-03)[2019-09-12].http://www.199it.com/archives/744569.html.

女就业的通知》，明确禁止招聘环节中的就业性别歧视，如"不得询问女性婚育情况""不得将限制生育作为录用条件"等。

第二节　社会转型与新媒体环境下的女性议题

一、西方女性主义的发展

"女性主义"源自西方的女权运动，核心是要在法律以及政治方面实现男女平等，追求妇女权利。

1791年，法国著名女作家奥兰普·德古热(Olympe de Gouges)发表了《女权宣言》，这是法国历史上最早关于妇女权利的宣言，①女性开始从家庭中走出来，进入工厂工作，承担社会分工，也成为反封建、反殖民重要的组成部分。

19世纪女权运动逐渐演变成女权主义。女性虽然得到了一定的解放，但是在政治选举、就业、同工同酬等方面仍存在着男女差异，女性在政治选举中没有投票权，就业也受到限制。"民主"更多是面向男性而言的。1869年英国著名经济学家约翰·斯图尔特·穆勒(John Stuart Mill)在《妇女的屈从地位》中指出，妇女的问题在于政治上的平等问题。② 二战以后女性主义取代了女权主义，在批驳男性霸权的同时也有一些自身的反思和批判，涉及领域更加多元，更注重两性的和谐。

西方女性主义发展，主要经历了三个阶段。

第一代女权主义(19世纪下半叶至20世纪初)起源于法国资产阶级革命和启蒙运动。1789年10月，法国大革命爆发后，一群巴黎妇女进军凡尔赛，向国民议会要求与男子平等的合法人权，揭开了女权运动的序幕。1792年，英

---

①② 刘利群，张敬婕.媒介与女性研究教程[M].北京：中国广播电视出版社，2013：121.

国女作家玛丽·沃斯通克拉夫特(Mary Wollstonecraft)出版《为女权辩护》一书,提出妇女应当在教育、就业和政治方面享有与男子同等的待遇。19 世纪中叶,女权运动的中心从欧洲转向美国。直至 1920 年,美国通过法案,保障女性享有选举权。

第二代女权主义是现代女权主义。这一阶段是女权主义在西方最重要的阶段,时间为 20 世纪初到 20 世纪 60 年代。女权主义者发现,尽管女性在政治经济领域争取平等的努力取得明显的成果,但妇女在社会生活中的不平等地位却没有得到根本性的改善。例如,得到选举权的妇女群体在政治上依然处于从属地位;在同工同酬、平等就业基本得到保障的情况下,职业隔离与职业发展前景不佳的问题凸显。这种矛盾的情况促使女权主义者向纵深思考,形成了独特的女权主义理论,这一代女权主义又分为三派,分别是社会主义女权主义、自由主义女权主义和激进主义女权主义。

第三代女权主义是后现代女权主义。面对"性解放运动"造成的严重的社会后果——保守主义对妇女解放运动的有力质疑,离婚率明显上升,艾滋病泛滥等,女权主义者开始反思,并在消除男女二元对立方面,形成了"温柔的女权主义""绿色女权主义"。他们一方面肯定了女权运动保护女性社会权益的成果,另一方面对女权主义者试图颠覆传统家庭模式提出了质疑。后现代女权主义还在成长阶段,分为唯本论与构成论两个主要派别。唯本论继承了传统女权主义的男女二元分界,试图在承认男女差异的基础上消除男女不平等。构成论则从根本上否定男女二元分界,强调性别角色的社会性,把男女平等的主张看成父权制的产物。虽然二者理论出发点不同,但是都试图在认同传统家庭模式的基础上完成妇女解放的目标。

二、中国妇女解放与女性主义的发展

在中国封建社会时期,男子拥有至高无上的地位,女性在不同的朝代有着不同的社会地位。汉朝,儒学刚刚被确立为正统思想,虽然宣扬三纲五常的等级观念,但相对来说对女性还是比较宽容的。女性可以自由嫁娶,有名望的女子还可以封侯拥有爵位,这样的状况一直持续到唐朝并达到顶峰。北宋时期,风气也相对开放,但是北宋遭遇靖康之耻,皇族宗室女性遭到俘虏和屠杀,这样的耻辱让南宋开始强调女性的"贞洁";加之理学的进一步发展,女性的"贞洁"逐渐成为最重要的东西。到了明清,婚姻嫁娶方面的束缚越来越多,不断压缩女性的空间。到了近代,随着几次思想解放运动的开展,女性获得了一定的解放,辛亥革命后剪发异服、开创女子学堂等,都使女性有了接受教育和参与社会生活的机会。中国共产党在引领中国走向新民主主义道路的同时,也在引领中国的女性进一步解放。

中国共产党在妇女解放方面的做法比较有独特性,是与马克思主义妇女理论相结合的。中国的妇女解放和社会的解放是同步的,十分重视广大劳动妇女的利益。抗日战争时期出现了很多优秀女性,积极投身于革命和建设工作,如江姐、赵一曼等人。新中国成立后,各级妇女组织在加强男女平等教育等方面发挥了重要作用。

新时期以来,我国妇女在社会主义制度下积极投身改革开放,在社会主义市场经济大潮中奋发进取,焕发出无限生机与活力。经过多方面的不懈努力,在政治、经济、文化教育以及维权等领域取得了前所未有的成就,这在世界发展史上也是罕见的。

(一)妇女参政取得巨大成就

参政权是指参政的权利(right to participate in government and political affairs)[①],是一国公民参与国家政治活动的权利。在中国,人民群众参与政治的基本形式主要有人民代表大会制度、中国共产党领导的多党合作和政治协商

① 中国大百科全书编辑部.中国大百科全书:第三卷[M].2 版.北京:中国大百科全书出版社,2009:136.

制度以及民主选举、民主决策、民主管理、民主监督等制度。妇女参政是指妇女群体参与国家政治生活和管理社会公共事务的活动。全国妇联李静之认为，参政是一个过程，是妇女以权利主体的身份采取一定的方式方法，通过一定的运行机制对国家和社会管理监督产生影响。[①]妇女参政表现在权力参与和民主参与两个层面：所谓权力参与，是指女性进入国家政府权力机构管理公共事务，担任领导干部，参与决策；所谓民主参与，是指妇女享有公民的选举权和被选举权，即女性通过选举、游说、建议等方式向权力机构反映自己的主张和声音，影响公共政策的决策。[②]

妇女参政作为中国政治生活中的组成部分，既是建设社会主义民主政治的重要内容，也是实现女性进一步解放的重要标志。妇女参政议政的作用主要表现为：首先是有利于妇女表达自己的利益诉求，使其合法权益得到保障，因为妇女解放是多方面的，不仅要争取经济利益而且要成为国家政治生活和社会生活的参与者，政治参与是妇女在更高层次上对社会活动的参与，是妇女解放程度的重要标志；其次是有利于促进社会主义民主政治、推动政治文明不断向前发展，促使党和政府更好地代表广大人民群众的利益制定出全面的、正确的符合最广大人民根本利益的方针政策；再次是有利于消除传统文化中对妇女的偏见，增强妇女自尊、自信、自立、自强精神和参与意识，促进妇女的解放；最后是有利于发挥女性独有的管理才能和优势，使两性间的工作取长补短，各级领导班子更好地发挥集体作用。

（二）妇女经济地位显著提高

新时期以来，中国开始了由计划经济向社会主义市场经济过渡的制度变革。市场经济的建立打破了计划经济条件下国家统包统分的就业制度，女性

---

① 姜秀花.世纪之初话参政："中国妇女参政研讨会"主要观点综述[M]//谭琳，刘伯红.中国妇女研究十年(1995—2005)：回应《北京行动纲领》.北京：社会科学文献出版社，2005：346.

② 梁旭光.民主政治进程与妇女参政[M].济南：济南出版社，2003：156.

获得了更多的选择机会和实现自我价值的发展空间。

《中国妇女发展纲要(1995—2000年)》监测评估和第二期中国妇女社会地位调查结果显示,妇女就业自主性明显增强,就业层次有所提高,职业结构得到调整,妇女就业领域不断拓宽,就业层次有了较大提高。在国民经济12个行业中,女职工达100万人以上的行业就占9个,包括工业、农业、建筑业、交通运输业、商业、卫生、教育以及党政机关和社会团体等;妇女在第三产业就业人数从1988年起逐年上升,1997年年底我国妇女在第三产业就业总人数已达2,649万;妇女就业领域主要集中于批发贸易餐饮业,其次是教育、文化艺术和广播电影电视业,并开始涉足一些新兴行业,如房地产业、金融业、保险业等,就业人数逐年增长明显。

总体上讲,随着经济的发展和妇女社会参与程度的提高,妇女参与经济建设的广度和深度不断拓展,自主创业就业能力明显增强,就业结构得到改善,职业层次逐步优化,女性总体经济地位明显提高。

(三)女性受教育状况得到极大改善

联合国采用性别发展指数(gender-related development index,简写为GDI)来衡量妇女地位,GDI是一个综合指数,它的三个基本维度是:健康长寿、知识以及体面生活所取得的平均成就①。其中知识维度中包含成年女性识字率、女性毛入学率、成年男性识字率和男性毛入学率四个指标,并通过女性教育指数和男性教育指数来衡量男女两性的受教育程度。可见,受教育程度是衡量妇女地位和发展的重要因素。中国政府大力发展妇女教育事业,积极采取措施提高女性入学率、在学率和升学率,在部分边远、贫困和少数民族地区采取办女童班、办女校、实行免费上学等办法消除女性受教育的障碍。随着时代的前进和教育的发展,女性的受教育结构逐步优化。

---

① 联合国开发计划署.2009年人类发展报告:跨越障碍:人员流动与发展[M].刘民权,王素霞,等译.北京:中国财政经济出版社,2009:210.

(四)妇女权益保障机制更趋完善

新时期以来,法律对妇女权利的规定更趋完善。1980 年颁布了修订的《中华人民共和国婚姻法》,1982 年颁布并施行的《中华人民共和国宪法》,1992 年颁布的《中华人民共和国妇女权益保障法》,均对妇女在政治、文化、教育、劳动、财产、人身、婚姻、家庭等方面做了全面具体的规定,可操作性强。凡涉及公民权利的其他法律、法规也都在各自范围内规定了婚姻自由、男女平等、培养妇女干部等条文。我国已初步形成了以宪法为核心,以妇女权益保障法、婚姻法为主体,国家各种单行法律、法规和地方法、行政性法规相互配套的保障妇女权益、男女平等、婚姻自由的法律体系,畅通妇女诉求表达,健全利益协调、矛盾调处机制,并推动各个省区市出台预防和制止家庭暴力的法规政策。为切实保障妇女权益,全国人民代表大会内务司法委员会及各省、自治区、直辖市的人民代表大会常委会成立了妇女儿童专门小组,负责办理有关事务;中国人民政治协商会议的各级委员会对有关妇女权益保障的立法及其实施情况进行民主监督、政治协商,就有关妇女的重大问题进行调查研究,提出意见和建议;国务院成立了妇女儿童工作委员会以协调和推动政府各部门做好妇女权益的保障工作;全国各省、自治区、直辖市一级政府也成立了相应的组织。全国妇联作为维护妇女权益的重要力量,具有最广泛的代表性并拥有健全的工作网络以促进男女平等,提高妇女地位。此外,一些全国性、地方性的妇女问题研究机构(如女职工委员会、女科技工作者联谊会、女企业家协会等)也积极致力于保障妇女权益的工作。妇女权益保障机制在法律和组织保障上更趋完善,预防和惩治侵害妇女权益的措施更有力,对妇女的法律援助、司法保护和社会救助力度持续加大。同时,妇女的法律意识也不断加强,运用法律武器与违法乱纪、残害妇女行为作斗争的人越来越多,依法维护自身权益的能力明显提高。

总之,妇女在参政、就业、受教育以及权益保障等方面取得巨大成就,对中国政治、经济、社会的发展产生了积极影响，成为推动中国社会日益进步的重要动力。

三、马克思主义妇女观

（一）马克思主义妇女理论的主要内容

马克思、恩格斯在《神圣家族》《德意志意识形态》《1844 年经济学哲学手稿》《家庭、私有制和国家的起源》等著作中均对女性问题做了深入阐述。在这些著作中，马克思、恩格斯从现实社会的角度出发，系统地分析了女性社会地位的历史演变和在资本主义社会遭受压迫的根源，在一定程度上为实现女性的社会解放做了科学的分析和探讨，这些构成了后来马克思主义妇女理论的基本内容。

第一，妇女受压迫是一个历史范畴。根据历史唯物主义的观点可知，任何事物和现象的出现都有其客观必然性和规律性，女性社会地位的演变及每一个阶段出现的问题也是如此。

在早期原始社会，受社会生产力发展水平的限制，男女两性的社会地位是平等的，在一定程度上女性的社会地位甚至还要高于男性。比如在社会生产领域，当时生活资料的获得主要靠男性外出狩猎和女性采集野果、种植种子，受制于生产力的发展水平，男性捕获的猎物很少，这时女性的劳动成果便是维持人们基本生存所需的物质资料的主要来源，所以当时女性处于一种受人尊重的地位。在家庭生活领域，妇女除了要参加公共的生产活动以外，还管理着氏族内部的诸多事务，比如衣物的缝制、食物的分配、照顾老人和孩子等，这些都和全体氏族成员息息相关。而在人口再生产领域，妇女的作用就显得更加重要了，因为在低劣的生存条件下，人口的增长绝非易事，且氏族成员人数的多寡也是决定整个氏族生存与发展的重要因素。女性在人口再生产领域的特殊贡献，再次稳固了其在原始社会享有的崇高社会地位。

到了原始社会末期,社会生产力的发展带来了生产工具的改进,为劳动生产率的提高创造了前提条件。伴随着畜牧业和农业的第一次社会大分工的出现,男女两性的社会地位也开始发生转变。

首先,在社会生产方面,畜牧业和农业的发展让身强力壮的男性脱颖而出,在社会生产中扮演着越来越重要的角色,而女性则退居次要地位,且随着社会分工和生产力的进一步发展,男性在创造更多生产资料的同时,也占据着越来越多的生产、生活资料,并最终导致剩余产品的出现,这为资本主义的私人占有提供了前提条件。

其次,如果说女性在人口再生产中的贡献是男性无法取代的话,那么当衡量社会发展的标准不再看人口数量的多寡而是看创造财富的多少时,女性的这一贡献似乎又下降了很多。

最后,随着生产资料私有制的逐步确立,男性的地位随着他们劳动价值的体现和财富的增加而提高,并逐渐有了可掌控他人的资本,原始社会的偶婚制被资本主义私有制下的一夫一妻制所取代就是女性地位衰落、男性统治确立的一种表现。为保证家族私有财产的亲子继承,处于弱势地位的妻子在一夫一妻制下必须始终坚守忠贞、从一而终,这必然导致妻子完全在丈夫的管控之下。由上可见,妇女受压迫的情形并非自古以来就存在的,其社会地位的演变是一定阶段的产物。

第二,私有制的确立和阶级的出现是妇女受压迫的根源。社会生产力的发展推动了历史上第二次社会大分工的出现。工业革命后,机器被投入到广泛的生产领域,巨大物质财富被创造的同时,伴随着商品经济的发展,私人之间占有的物质生产资料和生活资料的多寡开始显现出来。当社会财富逐渐集中在少数资本家手中成为一种占优势的规则时,社会上贫富差距就开始呈现出两极分化的趋势,此时剥削与被剥削、压迫与被压迫两个对立的阶级正式确立,而广大妇女受剥削、受压迫的序幕也真正被拉开了。

一方面，在资本主义私有制社会的家庭关系中，因为生产、生活资料完全由男性掌控，所以其有权力支配家庭里的每一个成员，而处于从属地位的妻子则毫无话语权和支配权，无论是精神还是身体都不得不受制于她的丈夫，且这种控制无须社会和法律给予男性任何特权便自然而然地存在着，只因丈夫是有产者，而妻子是无产者。

另一方面，在社会生产领域，随着商品经济的发展，以家庭为单位的手工作坊逐渐被资本主义工业大生产所取代，大批手工业者为了生存被迫进入廉价的工厂里劳动，相比较男性而言，女性因自身的性格特征更容易被资本家雇佣，但其劳动的价值相比男性更低廉。在资本主义机器大工业下劳动的妇女无论是体力还是精神都受到了严重的摧残。因为担心被解雇，很多妇女不得不在孩子即将出生的时候还在工厂里劳作。在资本主义私有制下的大工业生产中，男性普遍面临失业的危险与窘境（女性可以完成与男性同样的工作量，女性比男性工资低 1/3 甚至 1/2），妇女往往是家庭的主要经济支柱，男人则被迫在家做着平时属于女人的日常工作，两性颠倒的非正常现象，无疑又进一步恶化了妇女的生存状况。

第三，实现妇女解放道路的探索。通过前面的分析可知，妇女受剥削、受压迫的社会地位并不是从一开始就有的，同样也不是亘古不变的。作为人类历史发展到一定阶段的产物，每个历史时期的妇女问题都与当时所处的社会政治、经济、文化生活环境有着内在的、必然的联系。早在 19 世纪初期，随着空想社会主义运动和资产阶级民主主义运动的发展，一些开明之士就开始尝试对妇女所处的社会环境、生存状况及如何提高妇女的社会地位进行探索。遗憾的是，他们最终并未找到正确的方向，但他们的研究成果却为后来的马克思主义妇女理论的形成和发展提供了宝贵的理论素材。马克思、恩格斯从当时资本主义社会生产关系的现实基础出发去探索妇女问题，鲜明地指出了实现妇女解放的根本途径是消灭私有制。另外，因受制于家务劳动的束缚，广大妇女很难摆脱对男性的经济依赖，所以在消灭私有制的同时还要积极倡导妇女回归社会，摆脱无酬劳的家务劳动的束缚。只有参加社会生产劳动，才能摆脱对男性的经济依赖。经过一系列的探索，马克思主义妇女解放理论在实践中不断得到丰富和发展，为女性的解放提供了强有力的理论指导。

参加社会生产劳动，摆脱经济依附是改变妇女受剥削、受压迫的先决条件，妇女的解放只有在其可以大规模地、自由地参加社会生产时才有可能实现。在资本主义私有制社会中，那些通过参加社会生产劳动的妇女相较于那些女奴隶、家庭妇女而言拥有更多的人身自由和社会经济地位，而对于那些受困于家务劳动不能参加社会生产的女性来说，无论她们所从事的家务劳动多么繁重、多么琐碎，只要她们不占有社会生产、生活资料，只要家务劳动仍处于未付酬劳的状态，只要她们没有摆脱对男性的经济依赖，她们就不可能获得社会地位的解放。即只有女性参与了经济、政治、文化等方面的社会生产活动，她们才有解放自己的可能。

（二）转型时期马克思主义妇女理论面临的挑战

1917 年俄国十月革命的爆发及 1919 年中国“五四运动”的开展，为马克思主义理论传入中国提供了时代条件，并且该理论在新文化运动中得到了丰富和发展。顺应当时推翻封建社会的伦理纲常，争取妇女解放的社会思潮，马克思主义妇女理论的传入无疑为当时的妇女解放运动提供了理论方向。一大批先进的知识分子在对马克思主义妇女理论进行学习研究的过程中，将其与当时中国妇女运动的具体实际情况相结合，逐渐形成了具有早期中国特色的社会主义性质的马克思主义妇女理论。1921 年中国共产党成立之后，以毛泽东等人为代表的中国共产党人继续在马克思主义妇女理论的指导下成功推翻了压在中国妇女身上的三座大山，进一步丰富和完善了具有中国特色的社会主义性质的马克思主义妇女理论。新中国成立以后，面对历史遗留及新出现的妇女社会问题，江泽民、胡锦涛、习近平等党中央领导人继续坚持以马克思主义妇女理论为指导,并在实践中取得了巨大成就。

在理论层面,全球化时代在带动各国经济发展的同时也导致了各国意识形态的激烈碰撞和融合。随着西方女性主义理论传入中国,其关于女性社会地位及妇女解放等问题的见解对马克思主义妇女理论产生了冲击。首先,马克思主义妇女理论中对女性社会问题的分析主要是从当时资本主义社会的经济基础和阶级的角度出发,主张私有制是妇女受压迫的根源,实现妇女解放的根本前提是要推翻资本主义社会制度,然而在面对当前西方资本主义社会高度发达的社会生产力时,该妇女解放理论难免显得有些单一。相比较而言,从性别分工和父权制对妇女社会地位影响的角度出发,主张通过改变资本主义法律和推行相关政策来提高妇女社会地位的西方女权主义理论更容易让人接受。其次,在经济全球化带来价值观念多元化的今天,西方资本主义国家的各种意识形态在我国的渗入和影响逐渐加剧且日趋严重,各种外来思想与本土价值观念的碰撞交融,很容易让人们在面对多元化的价值观念时产生选择困惑,尤其在社会对市场上意识形态的舆论导向和管理失控的情况下,将马克思主义理论与其他文化观念置于同一平台供人选择时,人们很容易对马克思主义妇女理论产生怀疑和误解。

在现实层面,马克思主义妇女理论在当前除了遭遇来自西方女权主义思想的理论冲击之外,还面临着转型时期各种妇女问题的复杂化趋势及妇女发展困境的现实挑战。相较于马克思主义妇女理论产生时妇女的社会地位及妇女问题,当前社会妇女问题的现状呈现出更多的新特点和新趋势,比如女性面临的就业歧视、就业机会的不平等,还有"剩女"问题、农村留守妇女问题等,种种新现象无疑给马克思主义妇女理论提出了新的课题。另外,受中国传统性别文化的影响,现实生活中仍有很大一部分女性遭受着各种各样的性别歧视,在诸多社会条件交织下,其呈现的形式也是多种多样的,这也对马克思主义妇女理论的内容提出了新的挑战。

马克思主义妇女理论在实践中对妇女问题的理性认知，决定了其在妇女解放运动上具有科学的指导意义。任何一个理论的发展都离不开实践的考验，且理论也只有在被人们科学把握和正确认知的基础上才能对实践运动的开展起到积极的指导作用，否则只会延缓甚至阻碍实践的发展。因此，为顺应时代发展的要求，面对转型时期中国女性群体中出现的各种纷繁复杂的社会问题，我们亟须对马克思主义妇女理论进行一些补充性解释，使其在实践中得到进一步的丰富和发展。

第三节　新媒体时期呈现的女性问题

2018 年 12 月 18 日，世界经济论坛发布《2018 年全球性别差距报告》(*The Global Gender Gap Report* 2018)。数据显示，中国性别差距有所扩大，中国出生性别比重仍然全球垫底，且在预期健康寿命方面的差距也进一步扩大。但值得一提的是，中国在女性参与政治方面取得显著进步，高级白领职位方面的性别差距也进一步缩小。

网络是一把双刃剑。一方面，网络的发展建立了一个相对平等的平台，人们能够在互联网上发表自己的态度、观点，女性的话语权得到了提高；但另一方面，网络在传播“男女平等”观念的同时，也传播了很多带有歧视性的信息。受到男权文化的影响，很多女性出现了“集体无意识”——受到歧视却不自知的情况。

一、女性形象的刻板化

沃尔特·李普曼在《舆论学》(*Public Opinion*)中提出了“刻板印象”一词，用来解释人们对世界的一些错误观念和偏见，指那些不正确、非理性的固执看法。后来“刻板现象”引入社会学当中，指人们对某个社会群体过分简单化的、滞后于现实变化的以及概括性的、固定的看法。

女性形象的刻板化主要表现在以下两方面：

第一是对女性总体形象的固化。相关数据显示，2010年，对于“男人应该以社会为主，女人应该以家庭为主”这一观念，有61.6%的男性和54.8%的女性认同，与2000年相比，男女两性分别提高了7.7和4.4个百分点。贤妻良母、柔弱隐忍、顺从享乐这些关于女性的刻板印象在互联网媒体中依然存在。2017年5月，九江学院的一场女德讲座引发了热议，2017年11月30日新浪微博用户“梨视频”发布一条关于辽宁抚顺女德班的视频，在视频中，名叫丁璇的老师教授《女戒》《弟子规》等内容，出现了“女人就该在最底层”“女子点外卖就是不守妇道”等带有明显性别歧视的言论，部分网友对女德讲座中的内容很认同。微博名为“人民微博电台”的网友连发几条评论：“她抨击了婊子和婊子一样的女人，自然让婊子和婊子养的不爽。”网友“照顾脚下—”评论：“说得你们这些年轻女的都很守妇道一样。说到你们痛处了吧？”传统的一些男女不平等的观念延伸到了互联网新媒体上，一些网络热评、网络热词都是这些观念的反映。

第二是对女性能力的质疑，认为有些技能是女性不能够掌握的。2017年11月13日新浪微博用户“北京青年报”发微博《高考语文改革方向：对女生不利，让15%的人做不完》称，高考阅读题具思辨性、复杂性、扩展性，“对女生特别不利”。这种观念在生活中也很常见，认为男生天生逻辑思维强于女生，女生更加感性。但事实上，男女逻辑思维的差异并不是由生理决定的，后天的社会影响才是主要因素。网络热词“女司机”也带有对女性能力的不认可，近几年在网络新闻中频频出现“女司机”的相关新闻，内容多数是女司机驾驶失误。热门微博上的女司机更是状况百出，在网友的留言中也不难看出“女司机”已经是驾驶技术差的代名词。事实上，发生交通事故的男司机的比例明显高于女司机，早在2007年就有数据显示，北京男女司机比例是7∶3，但男司机肇事事故死亡人数是女司机的50倍。男司机在驾车行驶中也有脾气大、路怒、急躁等问题，但由于网络媒体中对女司机的片面报道，让个别女司机的行为变成整个女司机群体的行为，使得民众对女司机的认知产生了偏差，认为女性不具备驾驶机动车的能力。这都会加剧社会对于女性的偏见、歧视，从而在一定程度上影响女性的合法权益。

除此之外，在新闻事件报道中，以女性为受害者的框架或者女性不理性的框架经常出现。作为被描述为受害者的概率，女性是男性的2倍。① 2016年媒体报道了多起大学生小额信贷事件，媒体在报道小额贷款的乱象时进行了议程设置，隐藏了男性借贷者，将“女大学生”与“裸”，或与“裸照”结合在一起。很多文章中多次出现“裸体”“性服务”，以及“长得好看可以借得多”等信息，这些报道为受众营造出了爱慕虚荣出卖肉体的女性形象。在微博上甚至有很多网友求10G裸条照片和视频。

二、女性议题的边缘化

我国女性类的网站最早出现在1998年前后，“瑞丽女性网”“太平洋女性网”相继问世。新浪、搜狐、网易三大门户网站也推出了自己的女性频道。新浪女性频道自称“是中国最大、最著名女性网络品牌，提供中文地区最全的女性资讯”。搜狐女人频道1999年创办，搜狐女人频道的建立“标志着代表中国女性的一面大旗正式屹立在互联网”。“网易女人”的标语是：“做更好的自己”。这些女性网站的目的都是为了方便女性追求更美好、更高质量的生活，但是网站的主题都限定在时尚娱乐、美容美体、情感家庭等方面，很少涉及政治、财经、军事、社会等话题。

---

① 龚新琼.新闻构建的两性世界[J].当代传播，2006(5):17.

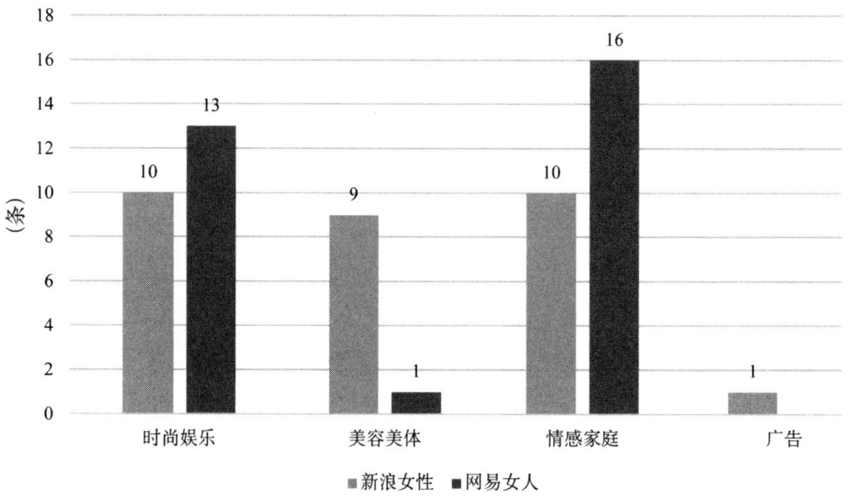

图 1-1 新浪、网易女性网站话题类型

(数据来源:2017 年 12 月 3 日 网易、新浪门户网站)

我们选取新浪女性频道和网易女人频道主页的 20 条文章,话题都是关于时尚娱乐、美容美体、情感家庭或者广告等方面的,其中情感家庭类的话题在两个网站中都占比颇高。在网易女人频道中,情感家庭类的话题主要围绕着女性如何才能获得男性的青睐,例如:《真的存在“一见钟情”吗? 幼稚!》《比凯特王妃会穿的女人搞定了全球最性感王子》《阚清子:这样生气的女人,男人才会越来越爱》。不论是普通女性还是女明星、王妃,都需要美丽的外貌、和善的脾气才能得到男性的喜爱。这些网站所展示的内容不断地在教女性如何做一个完美的妻子、优秀的母亲、可爱的情人,除了打扮和感情,好像女性不用再关心其他问题。另外,在这些女性网站中出现的都是温柔美丽、生活优渥的女性,将普通的、还在奋斗的劳动女性排除在外,忽略了她们对社会所做的贡献,并没有展现女性的整体风貌,“女性”本身所具有的丰富内涵和能力被淹没,女性角色变得更加边缘化和空洞化。

社交媒体大抵也是如此。“新浪微博”的热搜榜分为男榜和女榜,我们于

2018年12月3日11时左右选取了男女榜的首页内容。男榜中体育、娱乐、游戏占比最高，女榜中情感星座、娱乐、美食占比最高。体育、IT经济、政治历史只在男榜中出现，而情感星座、美体美容、美食只在女榜中出现。社会新闻男榜中出现了8条，而女榜中只出现了1条，这一条还是和孕妇生产有关的。

网站和社交媒体所显示出来的问题基本相同。在女性的栏目中，主要内容局限于家庭感情、时装美容等方面，很少涉及政治、经济等领域。这些都是基于父权社会的需要，女性的主要社会关系还是家庭关系，女性囿于家庭、婚姻之中，而男性在这其中是掌权者，女性是男性的附属品，女性的诸多行为都是为了获得男性的认可。

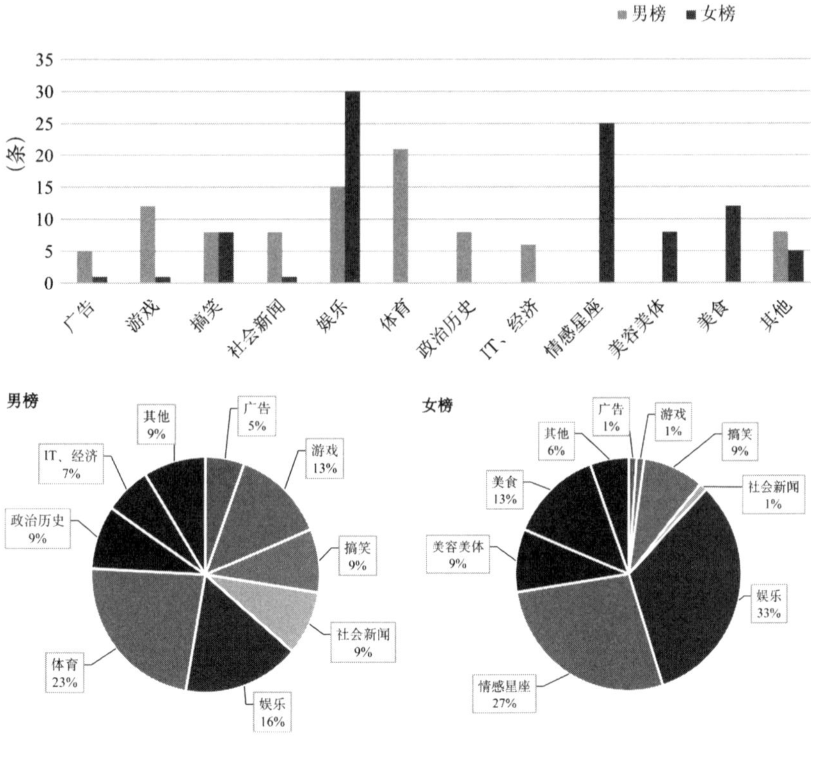

图1-2　新浪微博热搜榜话题类型

（数据来源：新浪微博，2018年12月3日11时）

网络热词“剩女”也体现了女性议题的边缘化。“剩女”一词被选入 2007 年教育部发布的《中国语言生活状况报告(2006)》中，以“剩女”为关键词在百度搜索新闻，共出现了 418,000 条。其中很多文章提到“剩女”剩下的原因、如何避免变成一个“剩女”以及男性为什么不喜欢“剩女”。凤凰时尚频道《男人为何宁娶离异女也不娶剩女》认为，“剩女”性格古怪、要求高，虽然多年未结婚，但是经历了不少男人，因此很多男性并不希望当接盘侠。太平洋时尚网《最易沦为剩女的十种女人 你中招没?》，提到了感情受过创伤、工作繁忙、养尊处优、强势或者水性杨花等都可能让女性成为“剩女”。媒介议程设置上，“剩女”成为“被消费、被规训、被观看的对象”，而且被编码成了一种符号。① 受众在解码的过程中将其中的内涵转化为了“女性适龄不结婚会让自己的价值贬损”。随着社会的发展、女性地位的提高，女性不再依附于男性，其婚恋观也发生了变化。女性进入社会工作，有稳定的个人收入，能够独立生活，更注重实现个人的价值。而像“剩女”这类词语认为女性最终的归宿仍然是家庭，需成为一个贤妻良母，带有对女性的歧视，否定了女性的价值。

三、女性的商品化

网络的虚拟性和网络监管方面的缺失，导致网络中将女性身体商品化，消费女性、物化女性的情况很普遍。在很多的网页或者广告中都充斥着各种各样的美女图片，有的还带有色情的信息。

首先是过度渲染女性的外貌，突出女性的观赏性。网络上时常会出现“女发言人”“美女翻译”等话题。每年“两会”期间，“美女翻译”都会成为热门话题，“冷艳高贵”“美貌与智慧并存”“端庄美丽”等成为女翻译们的限定词。网易女人一篇关于张璐的报道中，第一部分提及的是张璐的穿衣品位与发型，配

① 刘利群，陈志娟.我国媒介与女性发展现状观察及推进路径[N].中国妇女报，2015-12-22(B01).

图展示了各个时期张璐的穿着打扮；第二部分提到了张璐淡定从容的气质，这种特有的气质让工作中的张璐更加有气场；第三部分才提到张璐的专业，在“两会”中巧妙且准确地翻译了一些中国诗词或古文。张璐等女性翻译是依靠自身过硬的专业能力成为重要会议的翻译人员的，而不是依靠衣着打扮或者外貌。类似这样的报道还是以男性为中心，更强调女性的观赏价值，是对女性的物化，女性的外表成为报道的重心，而女性自身的价值却被忽视了。

其次是将女性看成商品，物化女性。2017 年 5 月腾讯视频发布了奥迪二手车的一则广告《奥迪二手车广告之整容篇》。婚礼中，婆婆粗暴检查新娘的身体，捏鼻子、揪耳朵、翻开嘴唇看牙齿、检查胸部，画外音为：“官方认证才放心。”广告将二手车隐藏的质量问题比喻成女性整容，二手车隐藏质量问题是违反相关规定的，但女性整容是自身追求美的权利，并没有违反法律法规。无独有偶，宝马二手车也发布过一则类似的广告，广告画面截到一位金发美女的肩部，营造出未着寸缕的感觉，图片配文为：“你知道你不是第一个，但你真的在乎吗？”将二手车比喻成女性，车的第一个使用者和女性的初夜联系在一起。也就是说，车和女人一样，买家是否会在乎自己是不是第一个使用者。这则广告将女性当成了男性的附庸，甚至并不是一个“人”，而是一件“物品”，可以被售卖、被使用的“物品”，女性的价值就是满足男性的需求。

除此之外，网络新媒体很容易为了追求经济效益，在新闻中把女性当作被消费、被娱乐的对象，缺少应有的人文关怀。女性被侵害的事件发生后，一些媒体发布的信息中常会带有暗示性的、猎奇性的信息，比如中华网转发环球网关于中国姐妹在日本遇害的新闻时修改了新闻标题——《在日遇害中国姐妹死因公布：姐姐几近全裸 疑遭虐待》，“姐姐几近全裸　疑遭虐待”是一种推测，并不是中国姐妹死亡的原因，但是相比于“被勒死窒息而亡，疑遭虐待殴打”，“全裸”“虐待”显然更容易吸引读者的眼球，提高点击率。

妇女的解放对于促进社会的和谐发展具有重要意义。除了媒介报道中对女性的歧视外，在参与国家政治管理中女性参政人数也低于男性，在家庭或是生活、职场中对女性或多或少都存在一些苛刻的要求。中国的妇女解放任务任重而道远，破除传统思想禁锢、平衡生理差异、促进女性自我意识觉醒成为促进男女平等的重要方面。

第四节 女性领导力的制度保障

近几年，虽然女性在政治、经济等领域领导层比例有所增加，但与男性居于绝对主导地位的现状相比，女性在晋升过程中，仍面临着玻璃天花板。在诸多为女性争取权益的措施中，政策和法律上的保障，是其中重要举措之一。下面以北欧五国相关政策为参照，探讨女性成长为领导人的制度保障。

一、女性领导力的全球表现

根据联合国发布的《千年发展目标报告(2014 年)》[①]，截至 2014 年 1 月，各国女性议员数量占全球议会总议席的 21.8%，比 2013 年增长了 1.5%；已有 46 个国家至少一个议院中女性占 30%以上的席位，比 2013 年的 42 个国家有所增加。卢旺达女性在下议院席位占 64%，继续保持领先水平。在政府执行层面，2014 年女性部长比例达到 17.2%，比 2008 年的 16.1%有所增加，已有 36 个国家有 30%以上的女部长，尼加拉瓜女部长比例为 57%，居世界首位。在这些领导层中，女性不仅掌管传统上所谓的“软”职责，比如社会事务、教育和妇女事务，而且有越来越多的女部长还管理一些所谓的“硬”职责，比如国防、外交和环境。

但与此同时，女性出任国家元首或者政府首脑以及议会发言人的人数近

① 千年发展目标报告(2014 年)[R/OL].[2019-07-05].http://www.un.org/zh/millennium goals/pdf/Chinese2014.pdf.

年来有轻微的下降或迟滞。自2012年以来,全球女性国家元首或政府首脑略有减少,从19位减少到18位。女性议会发言人的比例增长缓慢,2013年仅比2012年增长0.6个百分点,分别为14.8%和14.2%。

相对于政界,在企业界出任高管的女性比例明显较低,在标准普尔500强公司中,"女性成为首席执行官的只占4%,做行政官的只有14.3%,而在董事会主席的席位上83.4%是男性,只有16.6%是女性"①。

自2006年开始,世界经济论坛(World Economic Forum)每年都发布一份《全球性别差距报告》(*The Global Gender Gap Report*),对全球女性在健康、教育、经济和政治中的地位、参与度进行分析,用来揭示世界各国在性别平等方面的历史变化和世界各国之间表现的差异。最新的《全球性别差距报告》②于2019年12月发布,该报告在对全球153个国家研究后发现,相比于2006年报告首次发布的四项指标(健康与生存、教育、经济参与、政治赋权),性别差异在"政治赋权"中的表现,从2006年的86%缩小到2014年的75%,提高了11个百分点,在四项指标中比例提升最大。其中,女性议员和女性部长的比例分别为25%和21%,不过,"政治赋权"仍是四项指标中性别差异最大的一项。其次是"经济参与",存在42%的性别差异,和健康与生存(4.3%)、教育(3.9%)相比,性别差距明显。从另一个角度来看,在153个受评国中,已有48国在"健康与生存"这一指标上实现了完全的性别平等,有35国在"教育"方面实现了完全的性别平等,但在"经济参与"与"政治赋权"方面,尚无一个国家实现完全的性别平等。

这说明,女性在政治、经济等领域的晋升仍存在玻璃天花板。为保证女性享有与男性同等的晋升机会,尚有众多战略和措施需要实施。在这些举措之

① 郭瑞香:联合国妇女署女性经济赋权战略与在华实践[EB/OL].(2015-08-10)[2019-09-18].http://topics.gmw.cn/2015-07/24/content_16410540.htm.

② World Economic Forum. The global gender gap report 2020[R/OL].(2019-12-26)[2020-12-31].http://reports.weforum.org/global-gender-gap-report-2020/.

中,政治承诺和政策支持是女性在这一领域发展的关键因素。

二、女性领导力政策保障在北欧的实践

虽然目前尚未有一个国家能够全面消除性别差距,但不论是世界经济论坛发布的《全球性别差距报告》,还是联合国发布的《千年发展目标报告》,北欧妇女地位都位居世界前列。冰岛已经连续六年位于性别差距最小国家榜首,其次分别是芬兰、挪威、瑞典和丹麦。

冰岛自 1980 年产生第一位民选女总统以来,女性参政人数持续上升。2000—2013 年,在国会议员中,女议员所占比例逐年递增。[①]挪威首相延斯·斯托尔滕贝格 2007 年改组内阁时,任命两名女性内阁成员,改组后的内阁男女成员分别为 9 人和 10 人,内阁女性成员首次高于男性。根据联合国开发计划署 2013 年的统计,在国会议席中,挪威女性比例高达39.645%[②],是国会女性议员比例最高的国家。芬兰 2003 年 4 月大选后,一度成为欧洲第一个由女性分别担任总统和总理的国家,在新内阁 18 名成员宣誓就职首次集体亮相的照片上,9 名女性成员格外令人瞩目,成为名副其实的"半边天"。

女性在争取实现其权益时,并非处于真空中,个体的奋斗始终贯穿整个经济和政治制度中。北欧女性政治参与度高,既离不开女性自身自下而上的斗争和争取,也离不开政府的主导和政策的保障。

首先,政府在制定政策伊始,即秉持性别意识,注重男女平等。这些国家不仅把男女平等写进宪法,而且将其细化,分类成各种法律法规,使其在执行中具有非常强的权威性和可操作性。此外,在政策制定后,注重立法跟进,注重贯彻、监督和评估。例如,在芬兰,《公平法》不仅明确规定了妇女在政府委

---

①② United Nations Development Programme (UNDP). Human development report, 2013 [R/OL]. (2013-03-04) [2020-12-31]. http://hdr.undp.org/en/content/parliamentary-seats-female-male-ratio.

员会、顾问委员会和其他政治实体中占 40%比重的最低配额要求,还明确提出了追求男女平等的目标。在瑞典,关于男女性别平等的法律法规也十分齐全,如《平等机会法》《大学生平等待遇法》《反歧视法》等。为促进性别平等,瑞典还设专门的性别平等司,任命专门的平等大臣。丹麦的《两性平等报酬法》,建立了性别平等主流原则和机制,将社会性别主流化写入国家法律。推进性别平等主流化,不仅是法律的要求,也是政府的责任。挪威《男女平等地位法》的实施由准司法机构“平等地位上诉委员会”和准司法监督人员“平等事务专员”来执行,机构由政府赞助,专员由国王委任。

其次,政府在具体政策上,通过贯彻和实施“性别配额”,保障妇女权利的实现。如挪威《男女平等法》第 21 条规定,“当一个公共机构任命或选举委员会、董事会、理事会及管理部门等时,每一性别应按如下规定得到代表:1.委员会如果有两名或 3 名成员,两种性别必须都有代表;2.委员会如果有 4 名或 5 名成员,每种性别必须获得至少两名代表;3.如果委员会有 6 名或 8 名成员,每种性别必须获得至少 3 名代表……”这种通过性别指标和配额的做法,为女性赋权、打破玻璃天花板提供了必要的前提和保证。

北欧“性别配额”的做法,对欧洲其他国家产生了积极影响。2014 年 7 月,法国国会两院通过了《男女实际平等法》。该法规定,在大中型公司、公共机构的监管部门、政府机构最高类别公务员、主要选举政治团体,以及商会、体育联盟等机构,实行性别配额(大约是 40%)。2015 年 3 月,德国联邦议会通过《男女平等参与私人经济与公共服务领域领导阶层法》。该法核心内容是,从 2016 年起,大型企业监事会中女性比例不得低于 30%。该法主要从四个方面保障德国私人经济和公共服务领域领导层中的女性比例:一是 1,000 人以上职工的 108 家大型上市公司实行强制法定最低女性比例,其监事会的女性比例不得低于 30%,如果女性比例未得到满足,将保留空缺位置;二是 500 人左右的 3,500 家公司实行弹性比例,包括大中型有限责任公司、登记合作社和交互保险社团等，根据弹性比例条款，公司必须制定内部规章制度，规定公司管理层(包括董事会和监事会)的女性比例，具体比例可由公司自己决定；三是法律规定不得降低现有比例原则，即公司现有管理层女性比例未达到30%时，公司在制定比例目标时不得低于现有女性比例现状；四是防止公司对比例的滥用，例如公司规定监事会的女性比例过低，为了防止这类滥用，公司必须公开管理层女性条款，并设定实现期限，接受社会监督。

欧洲之外，很多国家也效仿北欧政府的做法，实行性别配额制度。印度把性别配额制贯彻到基层选举中，大大提高了基层妇女的参政比例。乌干达修改了该国部分相关政策，规定议会委员会领导职务的40%必须由女性担任，使各级机构中性别平等问题得到更多关注，其女性议员比例目前达到了35%。此外，厄瓜多尔、厄立特里亚、纳米比亚、土耳其和坦桑尼亚等国家也成功地实行了性别配额制度。①这一制度的确立，给这些国家政治生活带来了积极影响，参政妇女比例有了实质性提高。

立法上的保障，客观上能促进并推动女性进入领导层。进入领导层的女性，通过她们的积极努力，可以在政治和经济生活中发挥更大、更有战略意义的作用，进而影响决策，为女性争取更大的权益。北欧女性高比例参政的事实，为他国妇女提供了一个积极的可资借鉴的模板。例如，“在尼日利亚，没有保证妇女平等任职的法律，在北欧的影响下，妇女非政府组织通过大量的宣传工作，提高了妇女和男子在妇女参政问题上的认识，并通过访问北欧国家，向议会递交了两份消除性别不平等的立法建议”②。在经济领域，当女性得到领导机会时，她们事实上能够领导得更好。研究显示，在提拔女性到重要岗位方

---

① 联合国经济及社会理事会文件.审查和评估《北京行动纲领》的执行情况[R].纽约:2000:51.

② 联合国.世界妇女状况:趋势和统计数据[R].纽约,1995.

面做得最好的《财富》世界 500 强公司，比其所在行业的平均盈利能力高 18%—69%。[①]如国际货币基金组织总裁克里斯蒂娜·拉加德(Christine Lagarde)在伦敦政治经济学院演讲时所言："良好的制度建立在问责、透明和公正原则之上。这样的制度可以使人们凭能力而非关系、凭参与而非赞助获得成功，从而促进赋权——它提供了一只张开的手，而不是合起的拳头。"[②]

三、制定促进女性领导力的政策需考虑的主要因素

(一)国家高层决策者的支持是女性进入决策机构的重要前提

国家高层决策者对公职竞选候选人具有重要的影响，在促进妇女参与决策机构方面发挥着关键作用。国家领导人的政治承诺是促进妇女参政的首要前提。奥朗德竞选法国总统时承诺组成一个性别平等的内阁，要对不实行男女平等的政党削减拨款，一年内实现大公司内男女同酬。在其当选后改组新一届内阁时，即兑现了他的承诺，女性部长达到 17 位，占据了 34 个部长席位的半数；同时，妇女权利部时隔 20 多年后重新设立。《法兰西晚报》称，这是"历史上大国内阁首次实现男女平等"。在哈萨克斯坦，总统大力推动建立支持妇女参政的性别平等法律框架，将具有竞争力的妇女纳入其中。在伯利兹，由于议会选举和政党提名中都不支持妇女参政议政，议会选举中仅有的 3 名女性候选人只有 1 名当选。针对这种情况，首相采取了政治任命的手段来实现妇女参政，他任命了 5 名女性进入参议院，2 名女性进入政府，充分体现了

---

① Business Women. Statistics and findings: gender diversity in the workplace[EB/OL]. http://static1. 1. sqspcdn. com/static/f/547482/7322563/1276472001783/BWR _ Diversity_Statistic.

② LAGARDE C. Empowerment[EB/OL].(2014-06-06)[2020-12-31].https://www.imf.org/external/np/speeches/2014/060614.htm.

高层的政治意愿对推动女性参政产生的积极效果。①

联合国妇女署在2014年发起的"他为她"全球计划—— 影响力10×10×10国家元首合作框架中指出,"现有文献已经表明,政府在促进性别平等方面有着重要的作用。因此,我们要求国家元首以身作则,抓住'他为她'活动的机会和平台促进性别平等,为女性赋权",并要求国家元首合作伙伴作出以下三个基本承诺:

第一,性别平等与女性赋权:国家元首应鼓励男性与男童积极消除阻碍妇女和女童实现潜能的社会文化制约因素。通过国内的"他为她"活动,男性意识到自己在推动和执行性别平等方面的责任,以及在非暴力、尊重的性别平等理念下,如何与女性共同积极地重塑社会。

第二,启动与领导力:国家元首需在本国10座城市、10家企业、10所大学内启动"他为她"动员活动,推动性别平等和"他为她"理念。

第三,独特贡献:在国家内部,应做出推动性别平等和女性赋权的有力的、创新性承诺,包括改变内部政策,开发赋权于女性的项目,鼓励男性和男童更好地理解性别平等的含义,以及他们在性别平等运动中的角色;或者从外部承诺开展支持妇女和女童的项目,在全球范围内通过与联合国妇女署合作实现这一承诺。

(二)将社会性别主流意识纳入决策主流

所谓社会性别主流意识(Gender Mainstreaming),是指在各个领域和各个层面上评估所有有计划的行动(包括立法、政策、方案)对男女双方的不同含义。作为一种策略方法,它使男女双方的关注和经验成为设计、实施、监督、评判政治、经济和社会领域所有政策方案的有机组成部分,从而使男女双方受益

---

① 妇女研究所信息中心.世界妇女参政的几点启示[EB/OL].(2012-05-10)[2014-06-10].http://bbs.wsic.ac.cn/academicnews/83293.htm.

均等,不再有不平等发生。纳入主流的最终目标是实现男女平等。随着社会的进步,人们逐渐认识到两性间社会性别的不平等,在1995年联合国第四次世界妇女大会的影响带动下,"社会性别主流化"成为世界普遍关注的问题。

为配合1995年联合国第四次世界妇女大会提出的"社会性别主流化"方针,欧盟在其第四次"促进两性平等机会的行动计划"(1996—2000)中将工作策略改为以性别主流化为主的方式,强调政府在所有政策的研拟过程中必须考虑性别因素,并由两性平等参与决策过程,使得因性别所具备的特殊性、兴趣与价值都能被考虑在内。政府在执行前,均需进行性别敏感度分析,了解政策的内涵是否存有性别扭曲,或其执行的结果是否可能因性别而有不当的处置或差别。①简单地说,就是将性别平等的视角纳入共同体的一切活动与政策中去。②

(三)贯彻和执行性别配额制

传统上,性别配额制度最早用于政治领域,意在提高妇女的参政能力。性别配额制指通过立法规定或政党内部的规则,设定妇女在政治组织、政治结构和政治选举活动的最低比例数字。目前各国采用的性别配额制大致有四类:保留席位、政党配额、立法配额和软配额。据联合国2013年出版的《民主和性别平等》,保留席位,指国家立法授权,修订选举机制,通过直接或间接选举,确保一定比例的妇女当选。政党配额,指政党自愿设立的配额,如北欧国家很多政党规定,任何一个性别的候选人不能少于40%,通过党内制裁措施确保合规。立法配额,指国家立法机构为政党候选人的性别构成设立有关条件,通常对不合规进行制裁。软配额,指政党自愿采取,就促进妇女参政提出非正式的目标和建议,对不合规鲜有问责。事实证明,采取性别配额制是提高妇女参政

① REANDA L.Engendering the United Nations:the changing international agenda[J]. The European journal of women's studies,1999(6):49-68.

② HANTRAIS L. Social policy in the European Union[R].Macmillan,2000:122-123.

比例最有效的手段。各国议会联盟发布的数据显示,“2015 年,世界女性议员的平均比例是 22.3%,北欧国家的比例高达 41.1%”①,大大高出世界平均水平。这一结果主要归功于北欧国家在政党选举中实施了两性代表比例均不得少于 40%的性别配额制的党内提名政策。

目前,性别配额制度还广泛应用于经济、就业等多个领域,如德国 2015 年 3 月通过的《男女平等参与私人经济与公共服务领域领导阶层法》,就是将性别配额制运用于经济和公共服务领域的体现。

但也有学者认为这种人为的比例限制是另外的一种不平等,不利于两性间的平等竞争。其实不然,在女性还处于弱势地位的情况下,以强制力量来保证其拥有公平竞争的机会与地位是非常重要的。正如国际货币基金组织总裁克里斯蒂娜·拉加德所言:“(性别指标和配额)必须在这方面发挥作用。因为山太陡了,必须有一些帮助才能爬上去。”②因此,“性别配额制”的实施不是对公平的践踏,相反,是妇女打破玻璃天花板,进一步晋升的保证。将性别配额以法律形式或制度形式确定下来,使其具有强制性,不仅能够使政策的制定更加科学合理和切实可行,还可以有效地避免强制与偏见,有利于消除性别差距,实现两性平等。

在实现两性平等和女性赋权方面,不可否认,女性已经取得了长足的进步,如西尔维亚·普拉斯(Sylvia Plath)的诗:“我们将在早晨继承地球——我们的脚已在门口。”但还必须承认,在现阶段,“尽管我们的脚已然到达门口,但依然站在大门之外,站在冷风之中”,因此,“我们必须强制改变,否则就会陷于

---

① Inter-Parliamentary Union. Women in national parliaments [EB/OL]. (2016-01-31) [2020-12-31]. http://www.ipu.org/wmn-e/world.htm.

② LAGARDE C. Daring the difference: the 3 L's of women's empowerment [EB/OL]. (2014-06-06) [2019-11-15]. http://www.imf.org/external/np/speeches/2014/051914.htm.

自满的温柔乡里”。[①]国家和政府的重视、性别主流意识的培养、性别配额的制定和执行，无疑都是培养女性领导力的助力，将帮助女性迈过门槛，打破玻璃天花板，为实现男女平等提供制度支持和保障。

---

① LAGARDE C. Empowerment[EB/OL].(2014-05-19)[2020-12-31].https://www.imf.org/external/np/speeches/2014/060614.htm.

第二章　生育问题:女性与生育议题研究(2015—2018)

根据世界银行数据,2015 年中国总和生育率为 1.62,低于全球平均水平 2.45,也低于高收入经济体的 1.67。① 不断加剧的人口老龄化趋势,不仅表明未来中国社会人口红利会消失,还意味着社会养老压力陡增,进而带来社会发展失衡的风险。

2013 年 12 月“单独二孩”政策正式实施,2015 年 12 月全国人大常委会通过“全面二孩”政策,并于 2016 年 1 月 1 日起正式实施。但相关政策实施后,中国生育低迷的难题并未被破解。国家统计局的数据显示,2018 年我国人口出生率为 10.94‰,比 2017 年下降 1.49 个千分点。②

持续低迷的人口生育率,引发关于中国“人口负增长”的担忧。维持适度生育水平是一项重大工作,生育问题也已成为国家和社会公众关心的重要议题。但是,生育给女性、家庭带来的冲突和矛盾并没得到有效的重视,一味地宣传“全面二孩”政策反而激起了不少公众的逆反心理。因此,女性与生育议

① 中国生育率比高收入国家还低? 70 后想生不能生[EB/OL].(2018-08-15)[2019-07-18].https://news.qq.com/omn/20180815/20180815A07TPE.html.

② 国家统计局. 2018 年国民经济和社会发展统计公报[EB/OL].(2019-02-28)[2019-07-20].http://www.stats.gov.cn/tjsj/zxfb/201902/t20190228_1651265.html.

题相关舆情研究将对缓解生育矛盾、促进社会生育具有现实意义。

第一节 中国生育政策变迁与人口问题

一、新中国成立以来我国人口生育政策变迁

生育政策,是指由国家制定或在国家指导下制定的规范育龄夫妇生育行为(包括生育数量和质量)的准则。中国现行生育政策主要是,鼓励公民晚婚晚育,提倡一对夫妻生育一个子女;符合法律、法规规定条件的,可以要求安排再生育子女。①

人口是一个国家的重要组成部分。新中国成立后,人口政策不断调整,以求更好地适应社会的发展。20 世纪 70 年代我国开始全面实行计划生育以来,人口和计划生育工作主要经历了人口增长转型阶段、稳定低生育水平阶段和统筹解决人口问题三个阶段。②

第一阶段,人口增长转型阶段(20 世纪 70 年代至 90 年代中期)。我国在城乡全面推行计划生育工作始于 20 世纪 70 年代末。以邓小平同志为核心的第二代中央领导集体把计划生育确立为基本国策,把人口问题放在国民经济和社会发展的全局中谋划,探索形成了中国特色统筹解决人口问题的理论框架。1982 年,计划生育被写入《中华人民共和国宪法》。以江泽民同志为核心的第三代中央领导集体,把人口问题提高到可持续发展战略的首要位置,提出人口、资源、环境协调发展模式,进一步丰富和完善了中国特色统筹解决人口

① 全国人民代表大会常务委员会关于修改《中华人民共和国人口与计划生育法》的决定(主席令第四十一号)[EB/OL].(2015-12-28)[2019-07-30]. http://www.gov.cn/zhengce/2015-12/28/content_5029897.htm.

② 中国人口和计划生育[EB/OL].(2012-04-10)[2019-08-25].http://www.gov.cn/test/2012-04/10/content_2110119.htm.

问题的理论内涵。1991年,中共中央、国务院做出《关于加强计划生育工作严格控制人口增长的决定》。在这一阶段,我国实现了人口再生产类型从高出生、低死亡、高增长向低出生、低死亡、低增长的历史性转变。总和生育率从1970年的5.8下降到1995年的1.8左右,自然增长率从25.83‰下降到10.55‰,较好地平抑了第三次出生高峰,总人口控制在12.1亿。同时,计划生育工作逐步走上经常化、科学化、法制化的轨道。

第二阶段,稳定低生育水平阶段(20世纪90年代中期至2005年)。1996年以来,我国总和生育率一直保持在1.8左右,进入稳定低生育水平阶段。2000年,中共中央、国务院做出《关于加强人口与计划生育工作稳定低生育水平的决定》,明确将主要任务转向稳定低生育水平、提高出生人口素质。2001年,九届全国人大常委会第二十五次会议审议通过了《中华人民共和国人口与计划生育法》。2004年,国家启动人口发展战略研究,为国家制定重大战略规划和政策提供重要依据。2005年,人口自然增长率下降到5.89‰,总人口控制在13.1亿。人口增长1亿所需时间延长至10年。这一阶段,人口和计划生育工作探索建立起以宣传教育为先导,依法管理、村(居)民自治、优质服务、政策推动、综合治理的长效工作机制。

第三阶段,统筹解决人口问题阶段(2006年以来)。2006年,中共中央、国务院做出《关于全面加强人口和计划生育工作统筹解决人口问题的决定》,对人口和计划生育工作提出了新的更高的要求。以胡锦涛同志为总书记的党中央,从全面贯彻落实以人为本的科学发展观和构建社会主义和谐社会的战略高度出发,进一步明确了新时期人口和计划生育工作"稳定低生育水平,统筹解决人口问题,促进人的全面发展"的中心任务,以及"促进人口大国向人力资源强国转变,促进人口与经济、社会、资源、环境协调和可持续发展"的奋斗目标,确立了中国特色统筹解决人口问题的理论体系。这个阶段,人口和计划生育工作继续保持健康发展的态势,长效工作机制逐步完善,利益导向政策体系得到加强,低生育水平继续稳定,群众生殖健康水平和满意程度普遍提高。2011年年末,我国人口出生率为11.93‰,自然增长率为4.79‰,全国总人口为13.47亿。①

二、人口生育政策引发的现实问题

(一)人口红利下降

目前中国的人口结构在变化,人口红利在下降。所谓人口红利,是指一个国家的劳动年龄人口占总人口比重较大,抚养率较低,为经济发展创造了有利的人口条件,整个国家的经济呈高储蓄、高投资和高增长的局面。

事实上,中国的人口红利正面临着"拐点"。国家统计局此前公布的2012年统计公报显示,2012年年末,中国15—59岁劳动年龄人口为93,727万人,比2011年年末减少345万人,占总人口的69.2%,比2011年年末下降0.6个百分点,这是相当长时间以来中国劳动年龄人口绝对数量首次出现下降。与此同时,中国的老年人口的比重继续攀升。公报显示,2012年60周岁及以上人口19,390万人,占总人口的14.3%,比上年末增加了891万人,提高了0.59个百分点。

低生育率对人口的影响已经可以预见,老龄化加速,"剩男"问题日益严峻,人口红利消失。中国人口将于2024—2031年前后见顶,具体时间取决于未来鼓励生育政策的力度。中国人口快速老龄化,人口年龄中位数从1980年的22岁快速上升至2015年的37岁,预计2030年将升至43岁。2017年65岁及以上人口比例达11.4%,预计到2050年达约30%,届时每3.3个中国人中将有1个65岁以上的老人,养老负担日益加重,黑龙江等部分省份养老金已入不敷出。出生人口性别比从1982年开始逐渐失衡,特别是在1990—2010

---

① 中国人口和计划生育[EB/OL].(2012-04-10)[2019-08-25].http://www.gov.cn/test/2012-04/10/content_2110119.htm.

年期间一度超过120;“剩男”问题日益突出,2015年已超2,000万,其中超过一半在农村,9成为初中及以下学历,到2040年“剩男”规模或达约4,000万。15—64岁劳动年龄人口比例在2010年达峰值,人口红利消失,中国“未富先老”。消费受人口结构冲击且消费结构的“银发经济”特点将日益突出。主力购房人群2013年达峰值,房地产投资已过长周期拐点。

(二)人口矛盾凸显

我国现阶段人口发展主要有以下几个特征:一是人口增长势头减弱;二是主要劳动年龄人口达到峰值;三是老年人口出现第一次增长高峰;四是城镇人口历史性超过农村人口。

人口发展面临的主要问题和矛盾:一是人口数量对可持续发展的压力仍然较大;二是人口素质正成为提升国家竞争力的瓶颈;三是人口结构性矛盾成为影响经济社会发展的重大问题;四是人口分布不合理,影响城乡区域协调发展。

三、中国生育问题研究现状

(一)政策层面

其一,生育政策历史变革的梳理。王军等通过对生育政策从国家计划到生育自主进行了梳理,总结了中国人口与生育政策的演变过程。① 石人炳等对中国生育政策的调整进行了评估,结果发现,从近期看政策调整效果明显,但从中长期看,政策调整的效果有限,不能适应中国人口长期发展需要。② 其二,人口学角度专家解读。翟振武等对二胎政策后的生育趋势持积极态度,认

① 王军,贾晓菲.从国家计划到生育自主:中国人口政策的未来趋向[J].青年探索,2018(5):5-14.

② 石人炳,陈宁,郑淇予.中国生育政策调整效果评估[J].中国人口科学,2018(4):114-125.

为符合政策条件的目标人群规模较大,妇女生育二胎的意愿较高。① 庄亚儿等则持消极态度,认为全国范围内不太可能出现出生堆积现象。② 其三,生育意愿的实证预测。王猛等利用互联网问卷调查数据,实证分析女性生育意愿,认为受教育程度、生育经历、性取向显著影响女性生育意愿;③生育态度、主观规范和行为控制也都对生育意愿和生育行为产生显著影响。④

(二)社会层面

其一,女性就业问题。宋翔芬认为目前就业政策都是原则性的,发挥作用有限,绝大多数女性难以真正通过法律途径来实现自身平等就业权利的保障。⑤ 其二,养老问题。方先明等认为政府应改善保障养老保险待遇,实现社会福利最大化。⑥ 其三,二孩的养育问题。黎煦等认为新增一个孩子不会对所有孩子的平均教育水平产生负面影响,也不会影响孩子的教育水平。⑦

(三)制度层面

其一,国外经验借鉴。周慧等认为为了规避低生育率陷阱,中国应根据国情认真吸纳和借鉴他国的激励生育政策的成功经验,并根据中国当前的国情制定合理的生育政策及配套措施,营造生育友好型的制度环境。⑧ 其二,法理

---

① 翟振武,张现苓,靳永爱.立即全面放开二胎政策的人口学后果分析[J].人口研究,2014,(2):3-17.

② 庄亚儿,姜玉,王志理,等.当前我国城乡居民的生育意愿:基于 2013 年全国生育意愿调查[J].人口研究,2014(3):5-15.

③ 王猛,梁闻焰,黄妍妮.女性生育意愿及其实现:基于互联网问卷调查数据的实证研究[J].华中科技大学学报(社会科学版),2017(4):110-118.

④ 张晓青,黄彩虹,张强,等."单独二孩"与"全面二孩"政策家庭生育意愿比较及启示[J].人口研究,2016(1):87-97.

⑤ 宋翔芬."全面二孩"政策背景下女性就业问题浅析[J].劳动保障世界,2018(30):14,16.

⑥ 方先明,赵泽君,孙瑾瑜.生育政策对养老保险待遇充足性的影响研究[J].中国经济问题,2018(5):11-24.

⑦ 黎煦,陶政宇.生育二胎对孩子教育水平的影响研究[J].人口学刊,2018(6):22-32.

⑧ 周慧,李放.外国人口生育激励政策及其经验借鉴:基于三类国家(地区)的比较分析[J].湖南农业大学学报(社会科学版),2018,19(6):79-83.

制度建设层面。谢增毅认为国家应积极完善相关的社会法规及其制度,确保儿童权利得到充分保护;创造有利于保护女性就业平等权的制度环境,合理分配国家、用人单位和劳动者的责任。①

(四)传播层面

其一,中国特色政策的国际传播。王斌等以 Twitter 平台“全面二孩”报道为例,研究了中国的公共政策类议题在新的传播环境下面临的机遇和挑战。② 杨凤娇从报道基调、信息源、主要议题、报道手法、报道逻辑就美媒对中国二胎的报道进行了研究。③ 其二,国内“二孩家庭”议题建构。熊皇以媒体关于二孩的新闻报道入手,试图揭示我国大众媒体对“二孩家庭”议题的建构,结果表明,议题集中在相关政策、问题困难、生育意愿及教育的民生话题四方面。④ 其三,媒体和政策变革的互动。王洛忠等以“独生子女”到“全面二孩”的政策变迁为例,研究媒介融合背景下的政策变迁及其多源流分析,结果显示媒体话语与政策变迁轨迹趋同。⑤ 陈虹等人认为计划生育政策变迁与政策网络结构变化相关,政策行为者通过知识、合法性、权力、焦点事件等对现有政策进行话语调控。⑥

综上所述,目前关于全面二孩生育议题的研究,社会学的研究多集中于生育政策、问题及制度应对,人口学多针对某一人口群体的生育意愿进行测量,侧重生育宏观趋势、生育率预测,而新闻传播学研究则多着眼于中国生育政策

---

① 谢增毅.劳动法的改革与完善[M].北京:社会科学文献出版社,2015:79-83.

② 王斌,李唯嘉.社交媒体时代政策性议题的国际传播策略:以 Twitter 平台“全面二孩”报道为例[J].新闻战线,2017(5):62-65.

③ 杨凤娇,杨静茹.美媒关于中国“单独二孩”政策的报道逻辑[J].青年记者,2014(32):78-79.

④ 熊皇.我国大众媒体对“二孩家庭”的议题建构研究[J].现代传播,2017(12):63-65.

⑤ 王洛忠,李奕璇.媒介融合背景下的政策变迁及其多源流分析:以“独生子女”到“面二孩”的政策变迁为例[J].南京大学学报(哲学·人文科学·社会科学),2018(5):98-110.

⑥ 陈虹,秦静,潘玉.计划生育政策话语调控:基于共享话语的政策网络分析路径[J].新闻大学,2017(2):23-29.

量分别占生育政策类主题的66%和33%，相较而言，政策解读的内容数量则整体较少。根据上述趋势可以看出，随着生育政策逐渐进入落实阶段，公众的关注点逐渐由最初的政策影响向政策执行转移，开始围绕相关生育政策本身展开讨论，关于政策执行的微博讨论量随之增长。

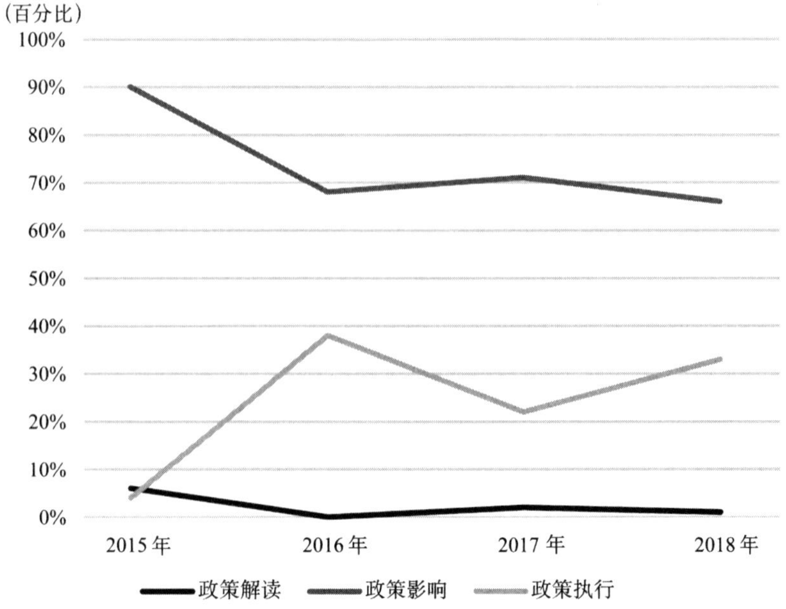

图2-3　生育政策类主题历年趋势分布

(二)尤其关注婚姻关系和鼓励生育政策

如图2-4所示，在政策影响方面，公众广泛关注生育政策变更所带来的社会影响，涉及的议题包括婚姻关系、计划生育遗留问题、养老、人口、房地产、失独家庭及婴幼儿产业等7个方面。其中关于婚姻关系议题的讨论量最高，内容占比约为46%，公众对生育政策变更之于婚姻关系的影响展开了理性的探讨；其次是计划生育遗留问题，约占21%；养老和人口问题也较为关心，分别约为12%和11%。

而在政策执行方面，如图2-5所示，随着2017年以后鼓励生育相关政策

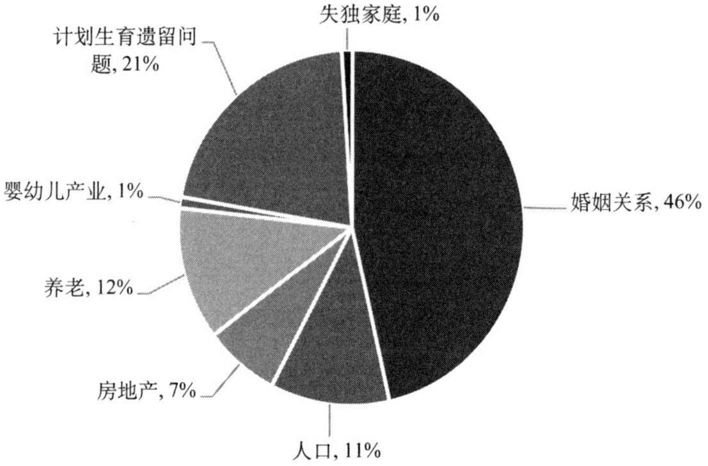

图 2-4　政策影响关注议题整体分布

的出台,公众关于政策执行的关注焦点几乎全部聚焦到了相关鼓励政策措施上:鼓励生育措施关注度从 2017 年 56%上升到了 2018 年 97%。如《新华日

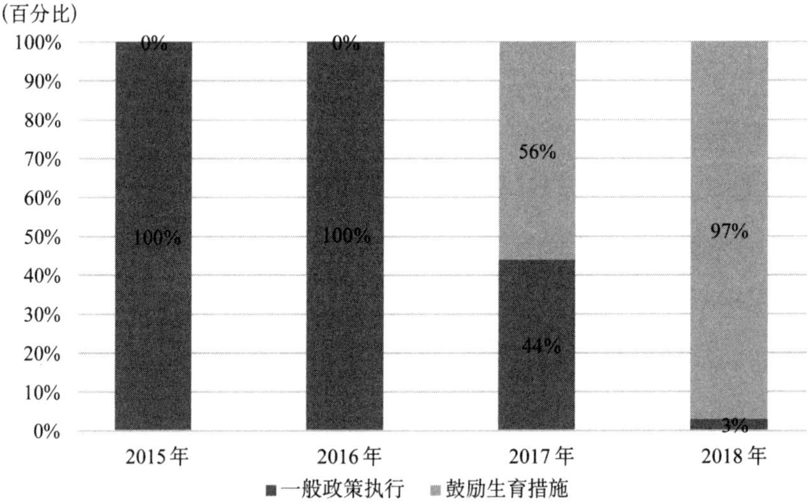

图 2-5　政策执行关注议题整体分布

报》发文表示,建议以工资一定比例缴纳生育基金,不生二孩退休再取,[①]以及2017年“两会”期间,有代表提议发“二孩补贴”等均受到广泛热议。

三、公众态度类主题

就公众态度类主题而言,分为“生育意愿”和“政策态度”两类。其中“生育意愿”的表达主体主要为适龄婚育人群,而“政策态度”的表达主体则为普通公众。

(一)趋势呈现:态度表达主体由适龄婚育人群扩展至普通公众

如图2-6所示,2015—2016年,表达生育意愿的相关内容呈现上涨趋势,且于2016年达到峰值,占比为61%。这段时间由于生育政策刚出台,在政策变更的刺激下,大多数适龄婚育人群热衷在微博平台表达自身的生育意愿。

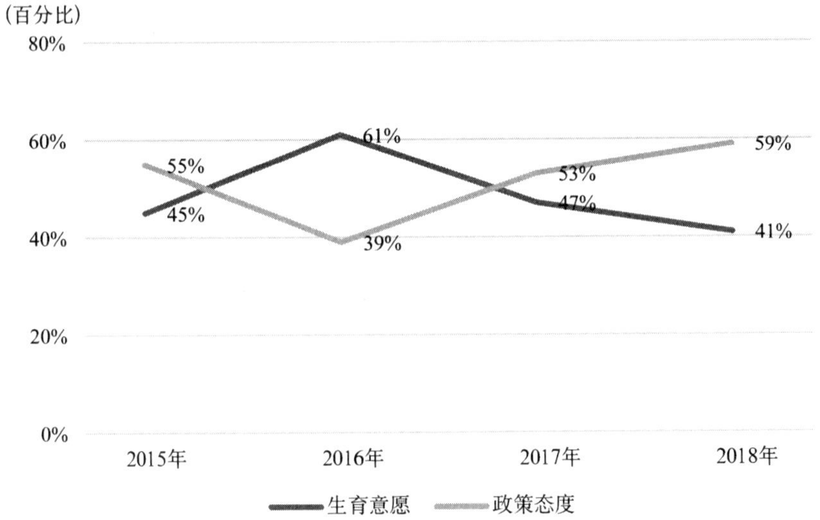

图2-6　公众态度类主题历年趋势分布

① 刘志彪,张晔.提高生育率:新时代中国人口发展的新任务[N].新华日报,2018-08-14(13).

自2016年以后,“生育意愿”类内容数量占比不断下降,而“政策态度”类内容数量占比则不断上升。这一时期生育政策进入落实阶段,且一些鼓励生育的政策提案不断出现,态度表达主体由适龄婚育人群扩展至普通公众。“在传媒的介质之下,这些社会成员就某一舆论问题有着目标取向的共同性。具体来说,共同的利益、兴趣和某种偏好将他们彼此集合在一起”①。对于普通公众而言,他们是潜在生育人群,生育政策同样关系到他们的利益,其关注焦点也因此转移至相关政策本身,直接表达对于相关政策提案的支持或反对态度,如关注提前法定结婚年龄、“单身税”等宏观调控措施是否合理、是否剥夺潜在生育人群的利益等问题。

(二)公众:生育政策态度趋于负向;适龄婚育人群:生育意愿波动低迷

进一步对“政策态度”类和“生育意愿”类内容进行分析,其倾向历年趋势分布如图2-7和图2-8所示。

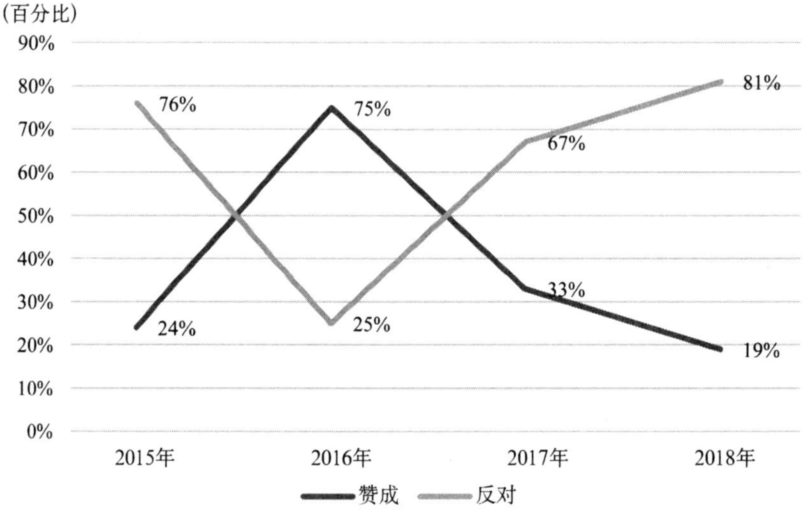

图2-7 政策态度倾向历年趋势分布

① 韩运荣,喻国明.舆论学原理、方法与应用[M].北京:中国传媒大学出版社,2013:57.

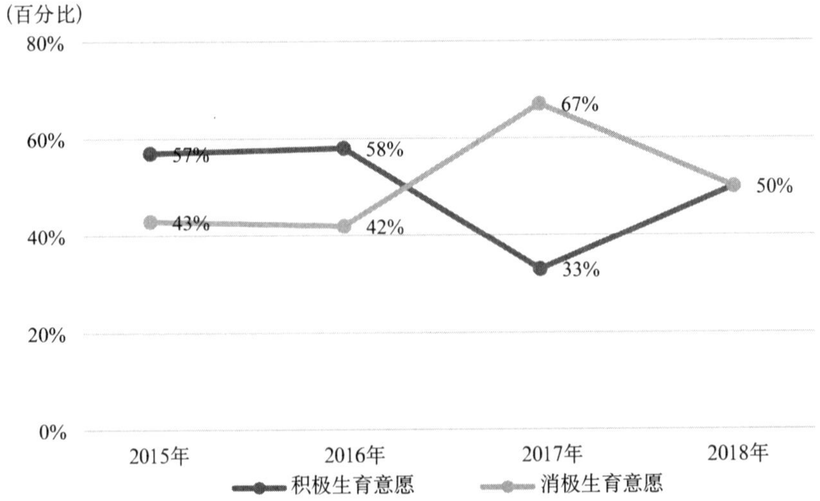

图 2-8 生育意愿倾向历年趋势分布

据图 2-7 可知,公众关于生育政策的态度趋于负向。具体而言,2015—2016 年,持赞同态度的内容占比呈上涨趋势,并于 2016 年达到峰值,占比为 75%;与此同时,持反对态度的内容占比则呈现大幅度下降趋势。由此可以看出,2015 年政策出台阶段,公众的政策预期呈积极态度。但随着政策的落地实施,公众态度开始发生转变,2016 年以后,表达反对态度的意见占比逐渐上升并居高不下。这是因为政策效果具有滞后性。随着生育二孩以后各类现实问题的出现,加之更多普通人群开始关注生育政策的未来走向与效果,所以反对比例不断上升。

如图 2-8 所示,2015—2018 年,适龄婚育人群的生育意愿虽然存在波动,但持“生”和“不生”两种意愿的内容占比总体趋同,这反映出适龄婚育人群在生育意愿上的波动低迷状态。其中 2015 和 2016 两年间,表达积极生育意愿的内容数量占比相对较多;2016 年后,表达消极生育意愿的内容数量急剧上升,并于 2017 年到达峰值,占比为 67%;此后其数量又有所回落,至 2018 年,表达两种意愿内容占比一致,各为 50%。

国家统计局数据显示,至 2015 年生育政策变更以来,2016 年迎来了生育高峰,出生人口 1,786 万,比 2015 年多出生 191 万人。但在 2017 年出生人口仅为 1,723 万人,较 2016 年减少 63 万人。① 因此,图 2-8 所表达的生育意愿倾向趋势正好符合 2015—2018 年来中国人口出生率的涨幅变化,和这一社会现实相吻合。

四、二孩问题类主题

就二孩问题类主题,具体分为问题性维度和建设性维度两个方面。其中,问题性维度主要聚焦生育成本、二孩养育、女性权益和父母催生等生育二孩中的现实问题;建设性维度主要关注生育与健康,为生育二孩的父母提供科学、可操作的育儿方法,并提醒关注二孩带来的健康问题。

(一)趋势呈现:二孩现实问题始终是公众最大的关注点

如图 2-9 所示,问题性维度相关内容占比具有绝对优势,且呈波动上升趋势,而建设性维度内容则占比较少。可见,在关于二孩的讨论中,二孩生育中

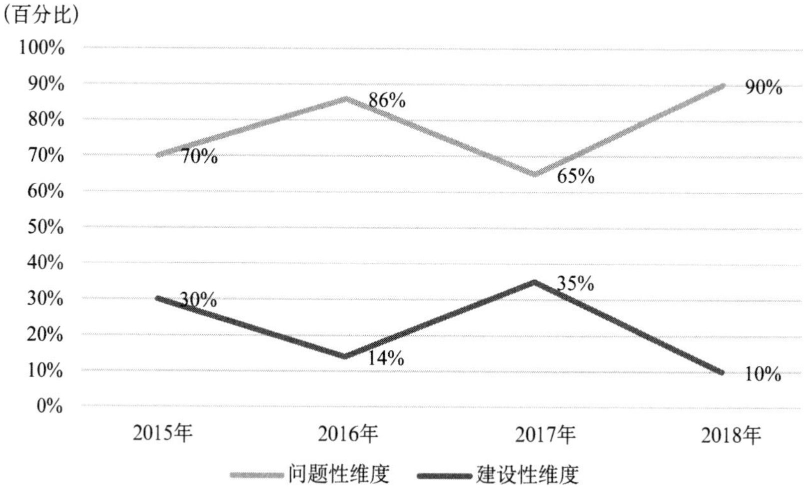

图 2-9 二孩问题类主题历年趋势分布

---

① 中国生育率比高收入国家还低? 70 后想生不能生[EB/OL].(2018-08-15)[2019-07-18]. https://news.qq.com/omn/20180815/20180815A07TPE.html.

的现实问题成为公众的最大关注点，而这些现实问题的解决不仅需要个体家庭的努力，也需要国家政策的支持。

(二)女性权益、二孩养育与二孩生育等引发关注

在生育政策、公众态度以及二孩问题三大主题中，二孩问题类微博内容占比最多，因而对微博在讨论二孩问题时所涉及的具体议题进行进一步分析。如图 2-10 所示，在二孩问题下，涉及最多的议题分别为女性权益(约占 31%)、二孩养育(约占 24%)、生育与健康(约占 24%)。

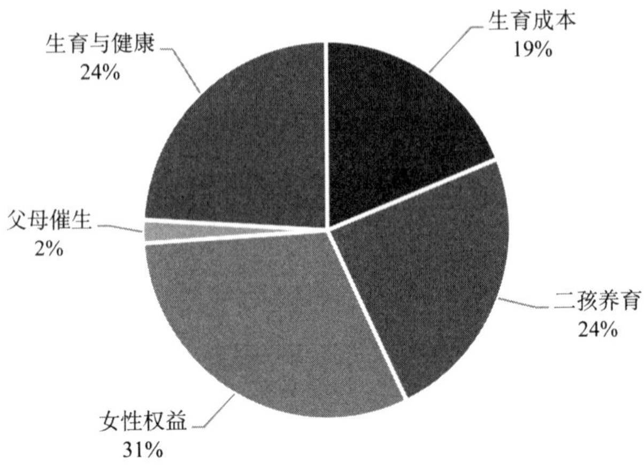

图 2-10　二孩问题类主题涉及具体议题分布

1.女性权益议题逐年上涨

在二孩问题类内容中，女性权益议题占比最高。如图 2-11 所示，2015—2018 年，该议题相关内容占比呈现缓慢上升的趋势。2015 年，女性权益相关微博在二孩问题类微博中占比约为 31%；而至 2018 年，其占比上升至 35%。国家生育政策的调整对女性的婚恋、工作、健康都产生了很大影响，如何在二孩政策下保障女性的权益是绕不开的重要话题。

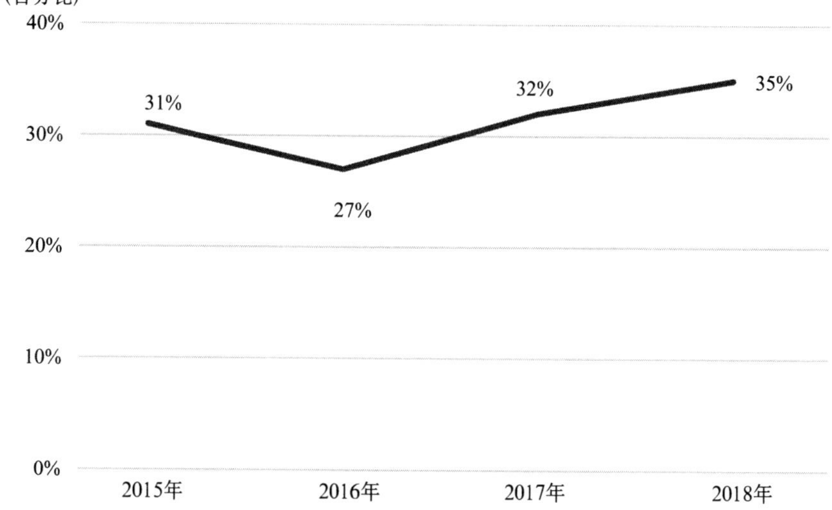

图 2-11 女性权益议题占比纵向变迁

2.二孩养育涉及议题广泛,且存在男女关注差异

如图 2-12 所示,首先,关于二孩养育,公众所关注的议题较为广泛,涉及"看孩子劳累""二孩幸福""二孩教育""二孩家庭接纳""老人带孩子"等。其次,"二孩家庭接纳"是公众在二孩养育主题下最关心的内容,在男性与女性讨论议题占比中分别为 57%和 54%。公众普遍关注有了二孩以后,一孩会不会受委屈或者一孩愿不愿意父母生二孩等内容。最后,尤为值得注意的是,在"看孩子劳累"和"老人带孩子"这两个议题中,男女关注度呈现出比较明显的差异。"看孩子劳累"女性讨论内容中占比达 25%,男性则只占 4%;"老人带孩子"男性讨论约占 9%,女性则只占 2%。

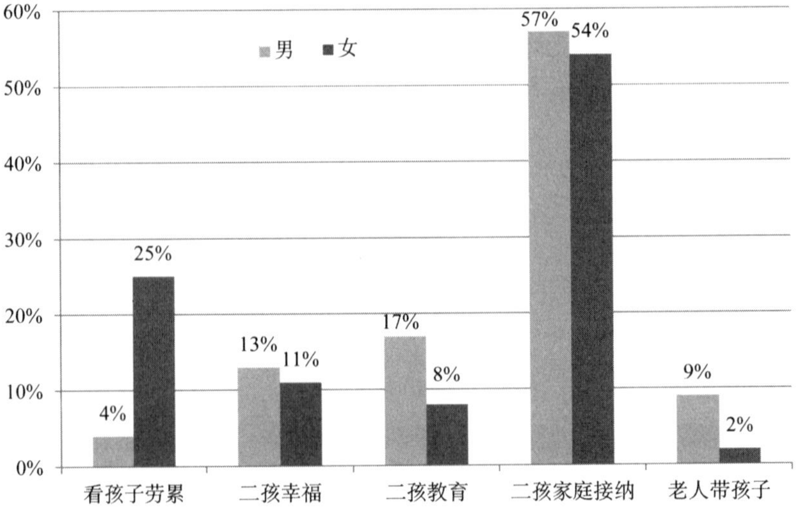

图 2-12　二孩养育涉及议题整体分布

3.二孩生育与健康问题受到重视

由图 2-13 可知,在探讨二孩生育问题时,二孩生育与健康问题受到公众的重视。公众广泛讨论“二孩怀孕注意事项”“怀孕不适”“分娩”“两孩相隔时间”“生二孩生理好处”等议题。其中,占比较大的议题分别为二孩怀孕注意事项(约占45%)、最佳生育年龄(约占 16%)、生二孩生理好处(约占 16%)和卵子黑市(约占 12%)。

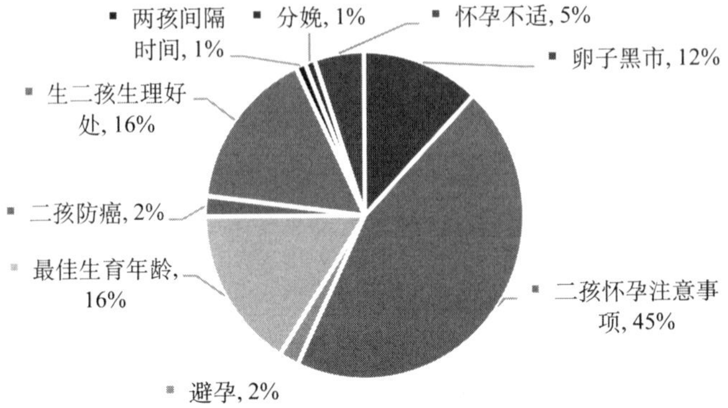

图 2-13　二孩生育与健康涉及议题整体分布

第三节 女性与生育议题舆情研究结论

作为舆论的三要素，舆论的客体是某个特定的涉及公众切身利益的社会公共事务①，而围绕相关社会问题的政策变动会直接使舆论聚焦，因此，生育政策变动引发公众对生育议题关注趋势变化显著。宏观上来看，2015—2018年4年间，随着生育政策的不断调整，公众对女性生育关注度波动上升。其中，2016年，“全面二孩”的政策正式落地实施，引发了适龄婚育人群的关注，因而关注度最高；2017—2018年，随着相关促进生育的政策与提议出台，因涉及潜在人群的利益，舆论热度依然不减。

一、具体研究结论

（一）公众议程随政策议程实施变化显著，对于生育议题趋于理性、务实

随着“全面二孩”政策的深入，公众议程随着政策的落地实施不断变化，在生育议题上公众关注趋向务实。其一，从关注政策解读、政策影响逐渐聚焦政策执行；其二，虽然适龄婚育人群生育意愿处于波动低迷状态，但是大多乐于理性探讨二孩生育中存在的种种现实问题，如对二孩生育与健康问题表现出较高的关注度；其三，潜在人群对于生育政策的态度趋于负向，原因是质疑出台的生育政策的科学性、合理性，如一些促进生育的提案逻辑是不生育就要付出金钱或其他，这造成相关公众及潜在生育人群对生育政策愈加不认同，越来越多期望政策红利。

（二）公众议程聚焦二孩养育：男女态度差异显著，独生子女政策的遗留问题凸显

在二孩养育方面，公众涉及议题广泛。其中“二孩家庭接纳”是公众最关

---

① 李良荣.新闻学导论[M].北京：高等教育出版社，1999：46.

心的内容,在男性与女性讨论议题占比中分别为57%和54%。

就“二孩家庭接纳”而言,在生育政策调整之前,大多数独生子女家庭都是以“一个孩子”为中心进行资源分配的。在这种家庭氛围下,独生子女独享父母的宠爱,自我意识较强,而父母的全情投入也对独生子女抱有更多的心理期待。但随着生育政策的调整,二孩即将来临,原有的独生子女家庭面临着资源重新平衡、家庭角色重新定位,以及独生子女心理重新调适等问题,家庭关系会在一定阶段出现一定程度的紊乱。如何做好一孩的心理疏导,做好二孩家庭接纳和家庭关系调适、融合,对于本身即为独生子女的二孩父母及家庭存在不小的压力。

加之,近年欧美心理学和家庭社会学关注“Birth Order”,即儿童在家的出生顺序会影响儿童的心理和行为发展,相关研究成果也逐渐引入国内家庭教育,全面“放开二孩”后,中国不少父母也在此意义上重视两个孩子培养的心理平衡问题。

就男女态度差异显著而言,在“看孩子劳累”和“老人带孩子”这两个议题中,男女关注度呈现出比较明显的差异。“看孩子劳累”女性讨论内容中占比达25%,男性则只占4%。由此可见,当前我国二孩养育更多地落到了母亲身上,女性承担了更多的家庭责任与负担。

与此同时,众多男性则更寄希望于父母的参与,“老人带孩子”在男性讨论内容中约占9%,女性则只占2%。这验证了在中国家庭中“丧偶式育儿”的现状,即在家庭教育中,男方的责任显著缺失,父亲在孩子养育过程中往往不是主力,孩子多由奶奶/姥姥和母亲养育,而这对家庭和谐、孩子成长都是极为不利的。

但事实上,无论是上述“二孩家庭接纳”问题还是“丧偶式育儿”矛盾,一定程度上均是我国独生子女政策实施多年的遗留问题。

（三）公众议程凸显现实议程：性别歧视问题犹存，女性婚育自主意识显著提升

在二孩问题方面，中国女性权益议题占比最高，达31%。且2015—2018年，该议题相关内容呈现缓慢上升的趋势。在微博女性权益类的讨论中，关于女性性别歧视的现象分布在个人、家庭、社会各个层面中。

在个人层面，女性婚育选择权受到公众关注。2017年多条博文中都在探讨女性婚育选择权。男女生理的差异决定了女性拥有孕育后代的条件，传统社会中，女性天经地义地被认为需要承担生育义务；而现代社会，女性所拥有的生理属性是否就是女性的责任成为争议的热点，公众开始关注在婚姻恋爱、生育后代中，女性是否可以独立且不受歧视不受强迫地决定结婚或者不结婚、生育或者不生育。

在家庭层面，重男轻女问题重回公众视野。计划生育政策实施后每个家庭只能生一个孩子，但是部分地区在一孩是女儿的情况下允许生二孩，在农村地区超生现象较为普遍。“全面二孩”政策出台后，生男还是生女的问题依然存在。2015年的一条微博中就有“老公说二胎是女儿就流掉”①的内容，一些二孩家庭之所以要生二孩其实就是想要一个儿子。重男轻女观念是性别歧视现象重要的表现之一，在生育话题中尤为明显，直至今日一些家庭依然希望能够“一举得男”。在二孩政策放开后，一些家庭生二孩就是为了追生儿子，女性因此而受到更多来自家庭的压力。

在社会层面，职业性别歧视引发公众担忧。职业性别歧视一直屡见不鲜，在求职过程中相较于男性，女性更容易遭到不平等对待。在实施二孩政策以后，女性的婚恋、生育计划都成为用人单位考虑的重要因素。在配套设施、产假制度、企业补偿制度不完善的情况下，女性在求职中会遇见更多的阻碍。职业歧视最主要的矛盾存在于公司利益和女性员工利益之间。有一些对女性固

---

① 老公说二胎是女儿就流掉[EB/OL].(2015-12-01)[2018-12-30].http://blog.sina.com.cn/blog-581cce8a0102wbol.html.

化的偏见："上班的时候要男女平等，甚至被以'女性更细心'为名干得更多，评职称晋升的时候就各种嫌弃'你是女的，精力不如男士'，回到家里又被道德绑架独撑家务重担外加孩子教育和吃喝拉撒睡……什么'女性能顶半边天'?!干活付出的时候顶大半边天，享受福利待遇的时候大打折扣。"①

二、相关解析：公众议程对婚姻成本计算凸显，新《婚姻法》导向性效果显现

在政策影响方面，关于婚姻关系影响的讨论量最高，内容占比约为46%。首先是二孩带来的家庭结构变化，养育二孩意味着"4+2+1"的家庭结构将会变为"4+2+2"，年轻夫妻家庭支出的养育支出增加，同时养老经济负担变重，人们对婚姻家庭关系的认知发生转变。如有网友表示，女性需要索取抵押。女性承担生育和抚养的义务，注定在资源上先付出，所以进入婚姻这段关系，女方要求多点抵押是没错的。②

在现代婚姻家庭关系中，虽然"嫁鸡随鸡，嫁狗随狗"的陈腐观念早已被很多人摒弃，维系家庭需要爱和付出还是一个基本共识，但如今男女双方都更注重衡量彼此在婚姻中的价值和付出，更现实地看待婚姻成本、养育成本、养老成本等问题。这种不单纯考虑感情色彩的思维角度，虽然增添了一些理性的成分，但也显现了维系传统家庭关系的伦理观念日渐淡薄。

① 襄然初的微博[EB/OL].(2018-08-18)[2019-12-15].https://weibo.com/1744078353/Gvg3zBuNe?from=page_1005051744078353_profile&wvr=6&mod=weibotime&type=comment.

② 艾小羊.婚姻就是合伙开公司?《奇葩说》的这个男人，教你用算账的方式看爱情[EB/OL].(2018-12-15)[2020-12-31].http://m.sohu.com/a/282099370_120034763.

不能不说,2001 年新《婚姻法》颁布之后,其司法解释不断更新[①],法律实施的某些导向性效果也开始显现。

一方面,新《婚姻法》法律条款是鼓励和支持生育的,但缺乏对女性生育主体角色的补偿机制。比如因生育引发夫妻矛盾、感情破裂,丈夫请求离婚是可以受理的。[②] 另一方面,又过度强调私有财产的公平正义,无视女性作为生育、养育不可替代的中心角色,以及在家务劳动中的更多事实上的付出,导致女性在离婚时财产补偿获取困难;而丈夫一旦有外债,女性却要共同承担,这更导致实际财产分割中对女性的不公平。中国司法大数据研究院相关报告显示:在离婚后的财产纠纷案件中,2016 年 1 月至 9 月审结案件量较之 2015 年同期上升 26.3%。[③]

也就是说,在社会竞争、就业市场及其他社会资源分配中,女性相对弱势。在男女事实不平等的前提下,新《婚姻法》一定意义上率先确立了婚姻关系中男女财产上的平等原则,这势必导致女性在婚姻中归属感与安全感的减少:要么在婚姻关系中更强化成本计算,要么远离婚姻争取自身的资本建设,以期在未来的婚育中增强个人的话语权和选择权。

三、反思与前瞻

社会问题的终极解决依靠社会问题的治理,但对社会问题的解决方法和

---

① 2001 年 12 月 24 日《最高人民法院关于适用〈中华人民共和国婚姻法〉若干问题的解释(一)》;2003 年 12 月 26 日《最高人民法院关于适用〈中华人民共和国婚姻法〉若干问题的解释(二)》;2011 年 7 月 4 日《最高人民法院关于适用〈中华人民共和国婚姻法〉若干问题的解释(三)》;2017 年 2 月 20 日《最高人民法院关于适用〈中华人民共和国婚姻法〉若干问题的解释(二)的补充规定》。

② 2011 年 7 月 4 日最高人民法院通过的《最高人民法院关于适用〈中华人民共和国婚姻法〉若干问题的解释(三)》第九条规定:"夫以妻擅自终止妊娠侵犯其生育权为由请求损害赔偿的,人民法院不予支持;夫妻双方因是否生育发生纠纷,致使感情确已破裂,一方请求离婚的,人民法院调节无效,依照婚姻法第三十二条第三款第(五)项的规定处理。"

③ 司法大数据专题报告之离婚纠纷[EB/OL].(2017-11-04)[2019-10-25].http://www.sohu.com/202362473_776138.

途径选择，往往与对社会问题的成因、特性的判定有关。具体来说，社会问题治理有三个层面：利益层面上——社会利益格局的调整；制度层面上——公共政策的实施；理念层面上——舆论调控。[①] 为应对当前生育低迷状况，无论是观念引导，还是政策帮扶，对于当前婚育现实问题的解决而言，都是必要的。

在政策调控方面，2019 年 2 月 21 日人社部、教育部等九部门印发通知，要求不得以性别为由限制女性求职就业，不得对女性的婚育进行限制。在 2020 年"两会"中，有全国人大代表提出了夫妻合休产假的建议。瑞典早有男性强制产假的相关法律先例。[②] 这一建议导向说明，在既有的新《婚姻法》前提下，未来在一定程度上将强制男性分担育儿义务。

在舆论调控方面，媒介议程作为公众议程和政策议程的桥梁，应发挥更大作用。首先，相关议题的舆论引导需保持动态性。公众在政策实施的不同阶段关注点并不相同，"全面二孩"政策刚通过时，公众较为关心新政策带来的影响；2016 年"全面二孩"政策正式实施后，公众对于政策影响关注度下降，对于政策执行关注度逐年升高。因此，媒介议程需要与公众议程相协调，紧跟政策实施，把握公众对政策的关注点，及时做好公众与政策间的沟通和回应。其次，媒介议程关注二孩养育，相关舆论引导应抓住该焦点问题的实质。研究显示，对二孩养育问题关注，其实质是男女养育观念的差异，男性更关注"老人带孩子"，而女性更关注"带孩子劳累"。不少家庭中，女性承担了育儿的重任，女性负担过重，男性角色缺失，不仅容易造成"丧偶式"婚姻，更会影响女性的生育意愿。因此，媒体需要倡导家庭夫妻共建的理念，强调男性的家庭角色，减轻女性的育儿负担，缓解家庭养育矛盾。同时，二孩家庭接纳也不容忽视。一孩对于二孩的接受情况、有了二孩后如何教养一孩等成为困扰年轻父母的问

---

① 韩运荣，黄田园.我国当前社会问题舆论调控研究[M].北京：中国传媒大学出版社，2011：46.

② 阚唯，梁颖，李成福.国际鼓励生育政策实践对中国的启示[J].西北人口，2018(5)：51-60.

题。计划生育政策实施多年,“独生”观念深入人心,因而针对二孩接纳问题,一方面应营造良好的社会氛围,另一方面应引导父母树立科学的育儿观念与正确的育儿方式。最后,对于性别问题的舆论引导,媒体要充分意识到女性自身角色的平衡。目前,不论是职场中还是家庭中,性别歧视的现象依然存在。但随着女性意识的不断觉醒,性别问题呈现出一些新的趋向,例如女性不再囿于家庭,对婚姻没有期待;将生育完全作为个人权利,强调个人选择权,拒绝生育等。针对这些新的趋向,媒体一方面应从社会层面加大“男女平等”观念的宣传,另一方面则需要明晰女性社会角色,帮助女性在不同的社会角色中寻找到平衡点,缓解女性对婚姻、生育的焦虑情绪。

总之,舆论是社会的晴雨表,公众议程反映出生育政策中的问题,同时也显现出《婚姻法》实施的相关问题。新《婚姻法》出台的初衷是有一定现实背景的,以追求婚姻财产公平正义为基础,但自实施以来,其局限性也逐渐显现出来。过度强调婚姻关系中私有财产的归属公平,使公众在婚姻选择时更趋向门当户对,并不利于社会长远的公平正义。因此,媒介议程需要推动政策的完善,借助公众关心的焦点事件扩大影响,增强对社会,对生育、婚姻等问题的关注和思考,从而进一步推进生育政策、婚姻政策的不断改进。

第三章　婚恋问题:婚恋网站中女性择偶要求与空间差异

——以"世纪佳缘"为例

第一节　当前社会女性择偶现状

一、研究背景

《2019年民政事业发展统计公报》显示,2019年我国依法办理离婚手续的共有470万对,比上年增长了5.4%,其中,民政部门登记离婚404.7万对,法院判决、调解离婚65.3万对。离婚率为3.4‰,比上年增长0.2个千分点。2019年依法办理结婚登记927.3万对,比上年下降8.5%,结婚率为6.6‰,比上年降低0.7个百分点。① 可以看出,随着社会的快速转型,我国正处于离婚率逐年上升,结婚率逐年下降的"新婚姻"时代。离婚问题的根源在于择偶,因此,选择配偶需格外谨慎。男女选择结婚对象时都有一定的条件或者要求,这就

---

① 2019年民政事业发展统计公报[R/OL].(2019-08-20)[2020-02-21].http://images3.mca.gov.cn/www2017/file/2009/1601261242921.pdf.

是择偶需求，它是文化传统与时代发展相结合的产物，①直接影响人们的婚姻观念和婚姻幸福。

研究表明，人们在择偶时最看重对方的品德性格，其次是年龄。随着社会的发展，人们对户口的重视度逐年上升，对婚史、年龄、学历、职业等的看重度有所降低。② 其中，性别是影响变量的重要因素。研究显示，男性更看重女方是否有婚史，女性对男性离异的容忍程度较高。女性在求偶过程中，更看重男性的学历、身高、住房和感情忠诚度。③ 长期择偶和短期择偶又存在一定的差别。在短期性关系上，男女被试均更强调吸引力、健康、性驱力、运动特质等与性相关的品质，而在长期性关系上，男女被试均更强调类似性、性格、才智、诚实、体贴等社会特质。④

俗话说，"男怕入错行，女怕嫁错郎"。对于女性而言，择偶尤需谨慎。目前国内对于女性择偶的研究较多。多位学者从社会学角度和语言学角度入手，对女性的择偶标准、择偶态度、择偶方式等进行了深入的研究，且对女性择偶时所持的婚恋观、性别角色观以及性行为观念方面的研究也较深入，成果颇丰，但基于地理学角度来研究女性择偶标准的空间分布规律和相关重要性排名的成果较少。正所谓"一方水土养一方人"，不同的自然环境会导致生活在不同环境中的人的性格、观念、心理、气质等有所不同。特定的地域环境与历史传统造就了一方的文化特色和一方人的性格，也造就了不同的择偶需求。因此，本章主要从地域分布来研究现代女性择偶观念的差异。

---

① 张淑燕，宋可.从《生活周刊》征婚广告透视 80 后女大学生婚姻观[J].中华女子学院学报，2011(5)：27-31.

② 董金权，姚成，刘群，等.当代青年的择偶标准及其性别差异：对 1255 则征婚广告的内容分析[J]. 山西青年管理干部学院学报，2010(2)：5-8.

③ 董金权，姚成.当代青年择偶标准嬗变[J].当代青年研究，2011(4)：29-35.

④ REGAN P C，LEVIN L，SPRECHER S，etl al. Partner preferences：what characteristics do men and women desire in their short-term sexual and long-term romantic partners?[J].Journal of psychology and human sexuality，2000(12)：1-20.

二、研究设计

(一)媒体的选取

随着互联网技术的发展和变化,网络征婚日益流行,婚恋网站成为人们交友、求偶的重要平台。工信部数据表明,2018 年中国网络婚恋交友行业市场营收为 49.9 亿元,网络婚恋行业在整体婚恋市场中渗透率为 54.4%,预计到 2021 年网络婚恋市场保持稳定增长,总营收超 70 亿元,渗透率将进一步提升。①

本章选取"世纪佳缘"作为网络时代婚恋研究的重要载体,主要基于以下三点原因:

第一,世纪佳缘是我国第一家在美国纳斯达克上市的婚恋交友网站,也是全球第一家在美国纳斯达克上市的婚恋交友网站,其本身具有很大的开拓意义。

第二,世纪佳缘曾与湖南卫视《我们约会吧》《天天向上》等知名栏目合作,并与江苏卫视《非诚勿扰》联合举办多次线下相亲活动,在全国拥有较高的知名度。

第三,艾瑞咨询监测数据显示,世纪佳缘是中国婚恋网站的核心企业。2018 年 3 月,该网站 PC 端日均覆盖人数为 77.7 万人,超过行业第二、第三名人数的总和。同时,世纪佳缘 App 端月独立设备数为 364.9 万台,排名第一。② 相较于百合网、珍爱网等婚恋网站,世纪佳缘覆盖更多的有意择偶的人群。可以看出,它的优势明显,具有较强的研究价值。

---

① 2019 年中国网络婚恋交友行业市场规模:未来营业收入有望超 70 亿[EB/OL].(2019-04-22)[2020-06-28].http://free.chinabaogao.com/it/201904/04224154502019.html.

② Q1 婚恋产业数据报告:百合佳缘强势领衔行业第一梯队[EB/OL].(2018-06-15)[2020-06-28].http://wap.ycwb.com/2018-06/15/content_30030363.html.

（二）数据的获取及预处理

女性的征婚意愿、征婚诚意度与年龄呈正态分布，因此本章限定样本征婚者需满足年龄 20 周岁以上、60 周岁以下的条件。为确保样本的研究价值，避免采集到虚假的征婚信息，规定采集有个人照片的样本作为有效样本，据此共抓取到 13,866 个有效样本。

世纪佳缘网站上，能同时搜集到择偶女性和理想配偶两者的指标只有四个：身高、年龄、学历和婚史。因此，我们从这四方面入手，来研究世纪佳缘网站上征婚女性及其理想配偶的基本情况。

为探讨现代女性择偶时的偏好与地域之间的关系，我们依据不同地区的女性对于理想配偶身高偏好、年龄偏好、学历偏好和婚史偏好，采用自然断点法对其进行划分。自然断点法(Natural Breaks Classification Method) 是地理学研究中用于呈现和识别区域空间分异特征的经典分析工具。它能迅速识别数列之间的自然转折点、特征点等，使类与类之间的不同最大化，[①]从而便于更好地研究同一类别的特质。

因女性在择偶时中意的理想男性身高和年龄是一个区间范围，故在研究适婚女性的年龄偏好、身高[②]偏好时，选取最低标准作为基准线。

因为学历状况和婚史状况无法直接进行分类，所以研究女性的学历偏好和婚史偏好时，需要对其进行赋值。我们将女性对男性的婚史要求赋予属性值(未婚属性值为 1；离异、丧偶、不限属性值为 0)，属性值越大，说明对于婚史要求越高。我们以最低学历为准，预先设定取得初中学历为 9 年、中专/职高/技校以及高中学历为 12 年、大专学历 15 年、本科学历 16 年、双学士 18 年、硕

① 赵领娣，吴栋.中国能源供给侧碳排放核算与空间分异格局[J].中国人口・资源与环境，2018(2)：48-58.

② 鉴于采取的身高取值为最低身高，最低身高低于 130cm 和最低身高高于 180cm 的数据均没有意义，故在设定区间值时，仅保留了 130cm—180cm 之间的身高。

士19年、博士22年、博士后24年，“不限”定义为最低受教育的水平，即9年。因此可得出表3-1：

表3-1　世纪佳缘网站上择偶女性对理想男性的要求分类

类别	分类				
身高(cm)	130—150	151—165	166—169	170—172	173—180
年龄(岁)	18—30	31—35	36—38	39—43	44—55
学历	9.00—10.11	10.12—11.67	11.68—12.91	12.92—14.54	14.55—19.00
婚史	0—0.1	0.2	0.3—0.4	0.5—0.7	0.8—1.0

第二节　世纪佳缘上的女性择偶“供需”现状

一、供——择偶女性的基本情况

对获得样本中女性的身高、年龄、学历和婚史进行统计，得到表3-2。

从表3-2可以看出，世纪佳缘婚恋网站上有择偶意向的女性的基本情况如下：

身高：处于161cm—165cm的女性最多(39.31%)。除此之外，择偶女性的身高情况从高到低排序依次为：156cm—160cm(30.31%)、166cm—170cm(21.82%)、171cm—175cm(4.42%)、151cm—155cm(3.37%)、≤150cm(0.39%)、176cm—180cm(0.31%)、>180cm(0.07%)。可以看出，征婚女性身高主要集中在156cm—170cm之间，共有12,679名女性的身高处于该区间，占比91.44%。

表 3-2 世纪佳缘上择偶女性的基本情况

类型	指标	个数	比例	排序
身高(cm)	≤150	54	0.39%	6
	151—155	467	3.37%	5
	156—160	4,203	30.31%	2
	161—165	5,451	39.31%	1
	166—170	3,025	21.82%	3
	171—175	613	4.42%	4
	176—180	43	0.31%	7
	>180	10	0.07%	8
年龄(岁)	≤20	4	0.03%	9
	20—25	496	3.58%	8
	26—30	3,143	22.67%	2
	31—35	3,449	24.87%	1
	36—40	2,069	14.92%	3
	41—45	1,604	11.57%	4
	46—50	1,461	10.54%	5
	51—55	1,051	7.58%	6
	56—60	589	4.25%	7
学历	高中中专及以下	2,644	19.07%	3
	大专	4,591	33.11%	2
	本科	5,693	41.06%	1
	双学士	84	0.61%	6
	硕士	740	5.34%	4
	博士	106	0.76%	5
	未填	8	0.06%	7
婚史	未婚	7,654	55.20%	1
	离异	5,617	40.51%	2
	丧偶	586	4.23%	3
	未填写	9	0.06%	4

年龄:处在31—35岁的女性占比最大,为24.87%。除此之外,择偶女性的年龄情况从高到低依次为:26—30岁(22.67%)、36—40岁(14.92%)、41—45岁(11.57%)、46—50岁(10.54%)、51—55岁(7.58%)、56—60岁(4.25%)、20—25岁(3.58%)、≤20岁(0.03%)。可以看出,26—40岁总占比为62.46%。结合现实情况,这一年龄段正是现代女性适婚的年龄。因此,这部分年龄的比例较高,符合现实情况。41—50岁的征婚女性占比达22.10%,这表明女性整体结婚年龄往后推移,晚婚的现象越发明显。

学历:拥有本科学历的人数最多,有5,693人,占比为41.06%;除此之外,择偶女性的学历情况从高到低依次为:大专学历(33.11%)、高中中专及以下(19.07%)、硕士(5.34%)、双学士(0.61%),还有8名女性未填写自己受教育的情况。

婚史:未婚女性占比最大(55.20%),离异女性占比第二(40.51%),丧偶女性占比第三(4.23%),9名女性未填写自己的婚姻经历。

二、需——择偶女性的多样选择

(一)身高:超过80%的女性希望另一半比自己高

从图3-1可以看出,受调查女性对男性身高的最低要求为166cm—170cm的占比最大,约为40.01%;其次为171cm—175cm(37.96%)、161cm—165cm(9.17%)、176cm—180cm(6.61%)、156cm—160cm(3.46%)。

从图3-1可以看出,女性对于男性配偶的最低身高要求的偏好出现了两次明显的峰值。第一次出现在170cm,约有28.64%的女性对配偶身高的最低标准是170cm,也就是说,配偶的身高必须高于或等于170cm;第二次出现在175cm,受调查女性中约有15.12%要求男性配偶的身高必须高于或等于175cm。除此之外,对男性配偶的身高最低要求为172cm、173cm和174cm的女性比例分别为9.12%、8.58%和3.46%。

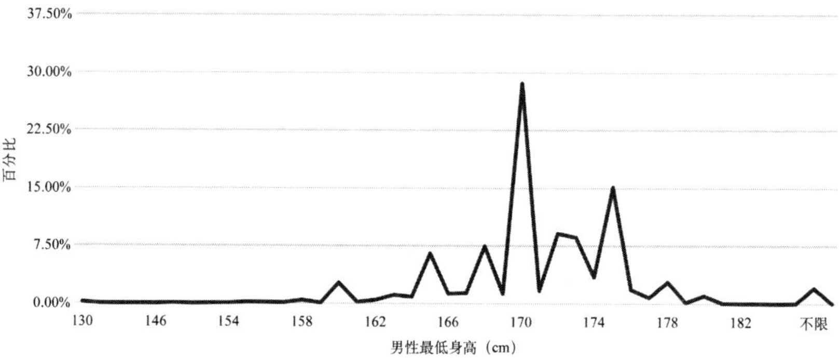

图 3-1　世纪佳缘征婚女性的理想配偶的最低身高

女性自身的身高也会对配偶身高选择产生巨大影响,因此将单个样本的女性身高与其选择配偶的身高范围进行对比发现(如图 3-2 所示):84.80%的女性在选择配偶时,对男性的最低身高要求比自己高,只有 2.24%的女性能接受配偶比自己矮。其中,低于女性自身 1cm—5cm 的占比 1.43%,低于女性自身身高 6cm—10cm 的占比为 0.36%,还有 0.45%的受调查女性可接受男性配偶矮于自己 10cm 及以上。

从图 3-2 可以看出,男性最低身高与女性身高之差有一个明显的峰值,这个峰出现在 6cm—10cm,即受调查女性中约有 40.68%希望配偶身高高于自身身高 6cm—10cm;其次为高于自身 11cm—15cm(21.66%)、1cm—5cm(19.90%);所选择理想男性最低身高与自己齐平的比例有 10.94%;还有 2.39%的女性对男性配偶的最低身高要求是高于自身 20cm。

通过对婚恋网站上女性择偶过程中的身高选择偏好来看,现代女性选择配偶的最低身高要求在 166cm—175cm 之间。同时,从女性理想配偶的身高范围上下限来看,超过 80% 的女性给出的择偶身高下限必须高于自己的身高,且仅有 2.24%的女性给出的择偶身高下限可低于自己的身高,这说明女性在进行配偶身高选择时,更倾向于身高较高,且多数选择高于自身身高 6cm—

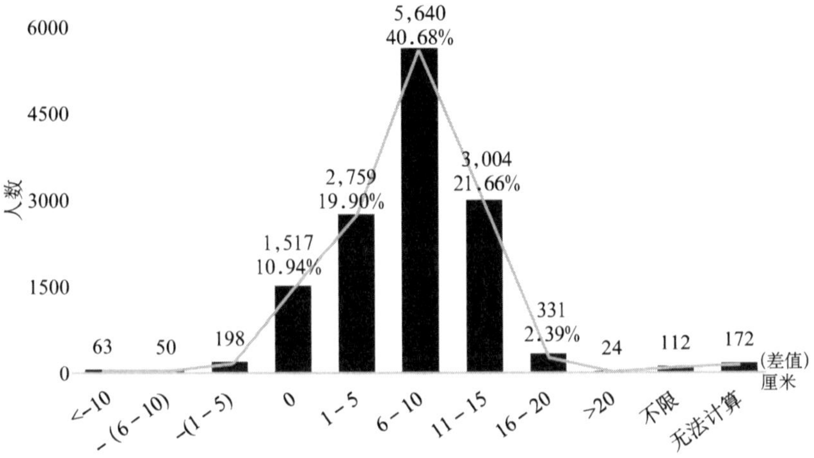

图 3-2　男性最低身高与女性身高的差值

10cm、11cm—15cm、1cm—5cm 的男性作为理想配偶。可以看出，婚恋网站女性择偶对男性身高的偏好相对比较“硬性”。

（二）年龄：70%的女性可接受比自己小的男性

从图 3-3 可以看出，受调查女性中有 4,479 位可接受的男性最低年龄区间在 26—30 岁，占比约为 32.31%；除此之外，可接受的男性最低年龄区间的占比从高到低依次是：31—35 岁（18.60%）、36—40 岁（13.29%）、41—45 岁（8.93%）、46—50 岁（8.65%）、51—55 岁（4.86%）、56—60 岁（2.06%）。受调查女性中还有 0.96%选择了大于 61 岁和小于 20 岁的男性作为理想配偶；约有 1.33%的女性选择了“不限”这个设定，也就是说，这部分女性不对男性的年龄做严格要求。

如图 3-4 所示，约 70.73%的女性能接受另一半比自己的年龄小。可见随着社会的发展和时代的进步，现代女性并不是一味地接受比自己年龄大的另一半。对于现代女性可接受比自己年龄小的比例分布如下：可接受男性比自己小 1—5 岁的占比最大，约 52.53%，其次为小 6—10 岁（13.27%）、小 11—15

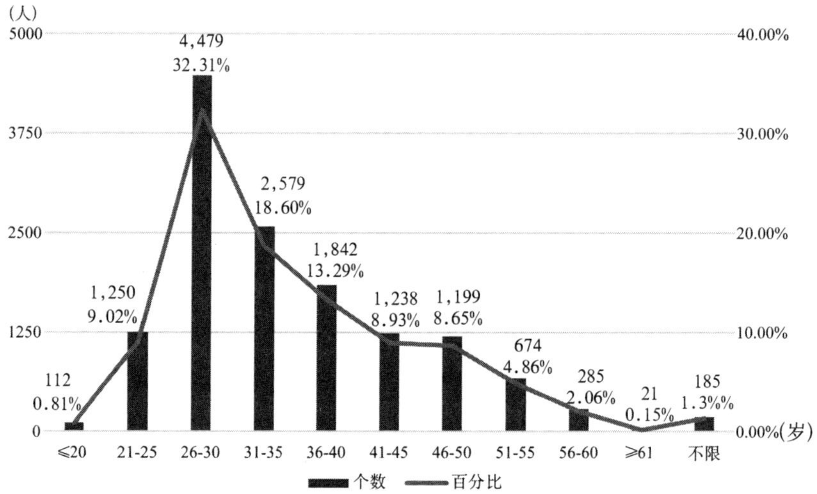

图 3-3 可接受的男性配偶的最低年龄区间

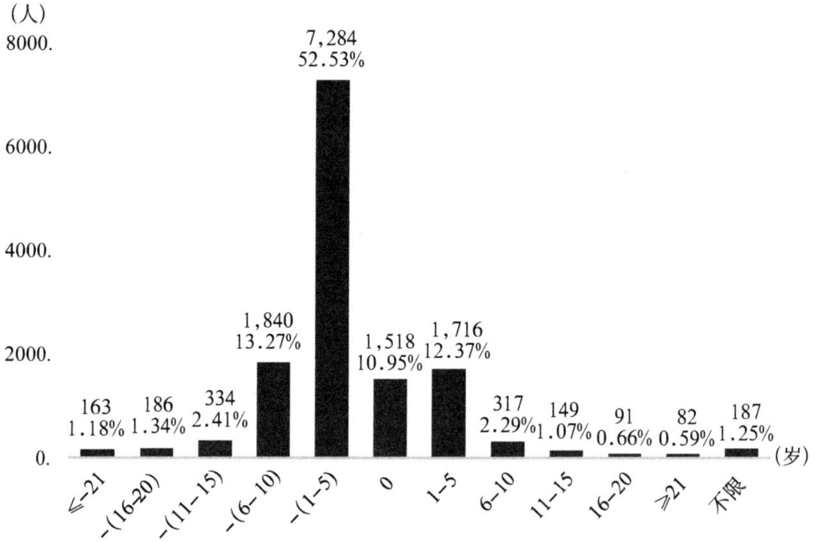

图 3-4 女性可接受的男性配偶最低年龄要求

岁(2.41%)、小 16—20 岁(1.34%)、小 20 岁以上(1.18%);受调查女性中有 1,518名可接受的男性最低年龄与自己相同,占比 10.95%;16.98%的女性可接受的男性最低年龄必须比自己大,其中大 1—5 岁(12.37%)、大 6—10 岁(2.29%)、大 11—15 岁(1.07%)、大 16—20 岁(0.66%)、大 20 岁以上(0.59%);约 1.25%的女性对另一半的年龄设定为“不限”,也就是说,这部分女性不对男性配偶的年龄做具体要求。

总体来看,婚恋网站上的女性在设定配偶年龄要求时,约三分之一的女性把 26—30 岁作为可接受的最低年龄区间;超过 70%的女性可接受年龄比自己小的男性作为理想配偶。

(三)学历:本科学历女性倾向本科及以上学历男性

如图 3-5 所示,从受调查女性对于男性配偶的学历要求可以看出,对男性配偶的受教育程度不做特别要求的女性占比最大,约 43.71%,她们的选择为“不限”;其次为本科,约 27.04%的受调查女性对于理想配偶的最低学历要求为本科;约 24.02%的女性对于理想配偶的最低学历要求为大专;剩余受调查女性对于配偶的学历最低要求分别为:其他(3.89%)、硕士(1.10%)、博士(0.16%)、双学士(0.08%)。

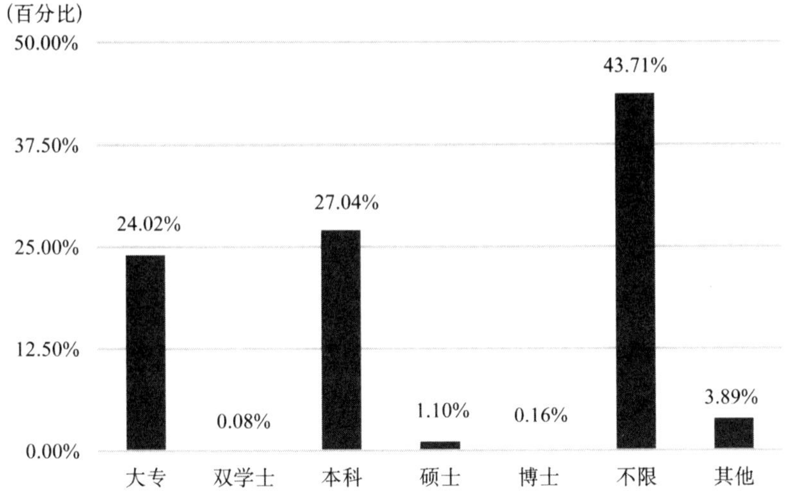

图 3-5　世纪佳缘网站上择偶女性对男性最低学历要求

女性自身的学历状况会对其择偶的学历要求产生巨大影响,将单个样本的女性学历与其选择配偶的最低学历进行对比发现:

拥有高中、中专及以下学历的女性,有67.21%对于另一半的学历不做任何要求;选择同等学历的占比为9.07%;剩余受调查女性对于另一半的学历要求分别为大专或以上(11.42%)、本科及以上(5.01%)。

拥有本科学历女性在择偶过程中,34.06%不对男性配偶的学历做相关要求;有42.76%希望另一半是本科及以上学历,选择大专及以上学历的比例为13.36%。

拥有双学士学历的女性,约有31.08%对另一半的学历不做要求;约有28.38%希望配偶拥有本科及以上学历;约有16.22%把大专及以上学历的男性当作理想配偶。

拥有硕士学历的女性在择偶过程中,64.15%希望另一半拥有本科及以上学历,把"硕士及以上""大专及以上"学历当作理想配偶的女性占比分别为16.67%、9.03%;还有10.15%的女性在设置配偶学历时选择了"不限"。

拥有博士学历的女性在择偶过程中,约有52.58%希望另一半具有本科及以上学历;有17.53%对于配偶的学历不做要求,她们设定的选项为"不限";还有17.52%把具有硕士及以上学历的男性作为理想配偶;剩余受调查女性对另一半的学历要求分别为:博士及博士以上(7.21%)、大专(2.06%)和其他(3.10%)。

(四)婚史:更倾向于相同婚史的男性

世纪佳缘婚恋网站将婚史设为"不限""未婚""离异""丧偶"四种类型。如图3-6所示,其中,有46.16%的受调查女性对于配偶的婚史没有要求,选择"不限";有31.78%的女性则明确要求男性配偶为"未婚";明确选择"离异"和"丧偶"的女性占比分别为2.58%和0.58%。还有18.91%受调查女性对于男性婚史呈两样要求,其中,10.58%的女性对配偶要求是离异或者丧偶;7.64%

的女性对配偶的要求是未婚或者离异;剩余0.69%的女性对配偶的要求是未婚或丧偶。但是根据女性样本的基本情况来看,受调查的女性中超过50%的女性为未婚女性,而要求男性为未婚的女性占比仅为31.78%,低于50%,这说明随着传统思想观念的转变,大部分女性思想开始转变,对于男性是否有过婚史在意程度降低。

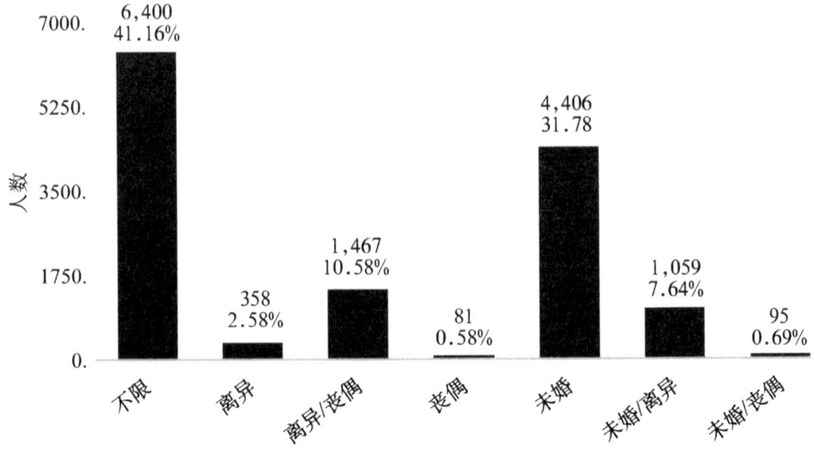

图3-6 世纪佳缘网站上择偶女性对配偶的婚姻要求

女性自身的婚姻状况也会对其配偶的婚史选择产生巨大影响,因此将单个样本的女性婚史与其选择配偶的婚史进行对比发现(如图3-7所示):

未婚女性在择偶过程中,52.42%会选择同为未婚的男性作为理想配偶;其次,她们倾向于选择"不限",也就是这部分未婚女性对配偶的婚史不做任何要求,这部分的占比为36.74%;未婚女性选择未婚或者离异的男性比例为7.87%(而仅仅选择离异男性的比例为0.56%);还有0.64%的未婚女性倾向于选择未婚或丧偶的男性(仅仅选择丧偶的男性比例为0.09%);剩余1.68%的未婚女性会选择丧偶男性作为理想配偶。

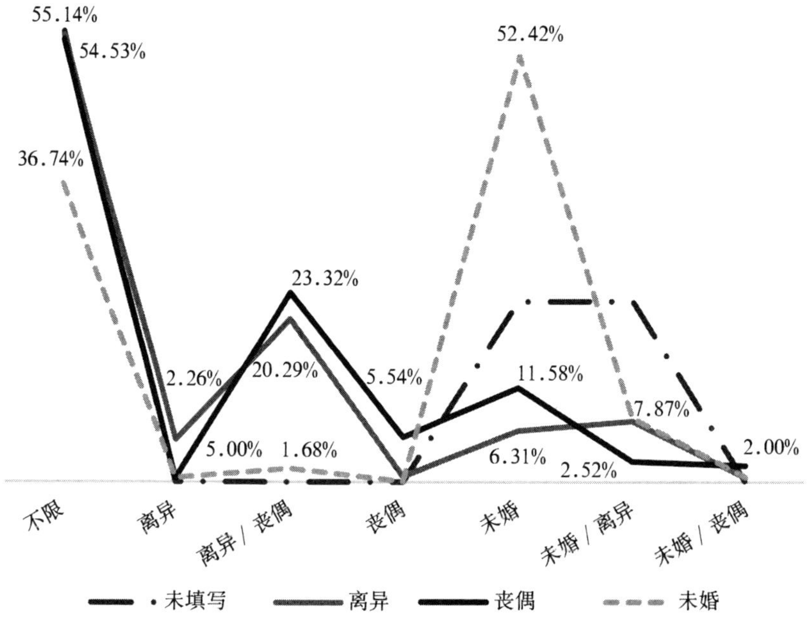

图 3-7　世纪佳缘网站上择偶女性对男性婚史的要求

离异女性在择偶的过程中，55.14%对男性配偶的婚史不做要求，她们会选择“不限”；约有 20.29%的离异女性会选择离异或者丧偶的男性作为配偶；6.31%的离异女性倾向于选择未婚男性作为理想配偶；选择丧偶男性的比例为 0.69%；约有 7.5%倾向于男性配偶的婚史为离异或者未婚；0.59%倾向于男性配偶的婚史为未婚或者丧偶；值得注意的是，只有 2.26%的离异女性倾向于选择同为离异的男性作为理性配偶。

丧偶女性在择偶过程中，54.53%对男性婚史不做要求，她们选择的是“不限”；23.32%的丧偶女性倾向于选择离异或者丧偶的男性作为配偶；值得注意的是，11.58%的丧偶女性会选择未婚男性作为理想配偶，而明确选择同为丧偶的男性所占比例为 5.54%；选择未婚或离异、未婚或丧偶以及明确选择丧偶的男性作为理想配偶的比例分别为 2.52%、2.01%和 0.54%。

总体来说,女性自身的婚史对于配偶婚史的选择有一定影响,女性更容易选择具有相同婚史的男性作为理想配偶。未婚女性多选择未婚男性作为理想配偶,而离异女性在择偶过程中,超过55%的人对男性婚史不做要求;约有20.09%的离异女性选择了离异或者丧偶者作为理想配偶。丧偶女性亦是。

通过对婚恋网站上女性择偶过程中的婚史选择偏好来看,现代女性多对男性配偶的婚史不做要求。这与社会的进步有关,现代社会女性更看重男性的其他品质,故而对婚史的重视程度有所降低。鉴于样本中约有55.20%的女性没有婚史经验,因此选择未婚男性作为理想配偶的比例也较高,占31.78%。

第三节　世纪佳缘上的女性择偶空间分布

一、身高偏好与空间差异

本节采用ArcGIS软件对样本进行身高偏好处理。陕西省的西南部(汉中市、西安市)、新疆维吾尔自治区、山东省、河北省、天津市、北京市、江苏省、安徽省、山西省、湖北省南部、广西壮族自治区南部、广东省东部、湖北省南部和黑龙江省的女性在择偶时,对男性身高要求较为严格,最低身高多集中在170cm—180cm之间。

西藏自治区、青海省北部、内蒙古自治区东部、湖南省和广东省中部、四川省东南部、福建省东北部的女性在择偶时,对男性最低身高的要求多集中在166cm—169cm之间。

甘肃省、新疆维吾尔自治区西北地区的塔城市和西藏自治区的山南地区,女性择偶时对男性最低身高的要求为151cm—165cm。

随着社会的不断发展,多数地区的女性开始偏好身高较高的男性,不过,女性择偶时的身高偏好与地区有着一定的关系。平均身高较高的省份,女性择偶时对于男性的身高要求相对较高。东部地区如山东省，西北部地区如新疆维吾尔自治区，东北部地区如黑龙江省，这些地区的女性对于男性的身高要求比较高，这主要和所在省的平均身高有关。

二、年龄偏好与空间差异

采用 ArcGIS 软件对样本进行年龄偏好处理，发现女性对于配偶的年龄选择比较多元。具体来看：

黑龙江省西部和东部、内蒙古自治区的东部、甘肃省的西部、新疆维吾尔自治区的北部、吉林省南部和辽宁省西部、宁夏回族自治区中部、江苏省东部、福建省北部、湖北省北部、湖南省中部、云南省南部、重庆市、四川省中部的女性对于男性的年龄要求较大。

新疆维吾尔自治区中部、江西南部、浙江省、山东省、河南省、广东省、台湾省和青海省北部的女性在择偶过程中对年龄的要求多在 31—38 岁之间。

而在西藏自治区的大部分地区，女性对于男性的年龄要求集中在 18—30 岁之间。

（一）东北地区选择单一，晚婚趋势明显

我国东北地区的女性选择单一，她们更喜欢选择年龄较大的男性作为理想配偶，同时该地区的晚婚趋势也更明显。以黑龙江省哈尔滨市为例，从 2016 年 1 月至 10 月和 2017 年 1 月至 10 月哈尔滨市各年龄段婚姻登记的大数据来看，2016 年超过 40 岁结婚的人占比为 57%；到了 2017 年，则上升为 62.76%。①

---

① 冰城各年龄段婚姻登记大数据：今年 40 岁以上结婚者最多[EB/OL].(2017-11-11)[2020-06-26]. http://hlj. sina. com. cn/news/b/2017-11-11/detail-ifynshev5219483. shtml? from=hlj_cnxh.

（二）西南地区和南部地区选择多元化，多样化中有差异

在四川省、云南省、山西省、福建省和广东省等省份，女性对于男性的年龄偏好呈现出了多样化的特征，不局限于选择某一个年龄段的男性。值得注意的是，虽然选择多元化，但是她们的年龄偏好仍存在一定区别。

以四川省为例，女性对理想配偶的年龄要求呈现出与人口流动相反的趋势。该地区女性年龄偏好多数集中在36—38岁，主要分布在德阳市、成都市、资阳市等地区，而这些地方正是四川省人均GDP较高的地方；其次集中在31—35岁，主要分布在攀枝花市、自贡市、绵阳市和南充市。而在东南沿海的福建省，女性对配偶的年龄要求和这里的经济发展呈现逆向趋势：越是经济发达地区，女性的理想配偶年龄越小。2019年福建省各市区的GDP数据显示[①]，泉州市、福州市、厦门市GDP位列前三，而三市女性择偶时的年龄偏好主要集中在31—35岁；全省GDP第五的龙岩市女性择偶时的年龄偏好主要是36—38岁；对39—43岁年龄偏好的女性主要分布在三明市，三明市2019年在福建省的GDP排名为第六。

虽然这些地区的女性在择偶时对男性的年龄偏好呈现出多样化的特征，但是具体到不同省份，每个省都有特殊的年龄偏好。

三、学历偏好与空间差异

女性在择偶过程中，对于学历偏好主要集中在9.00—10.11年。这一部分女性主要分布在青海省北部、新疆维吾尔自治区西南部、四川省南部和内蒙古自治区北部这四片区域。也就是说，这部分女性对于男性的学历要求较低。

对男性学历偏好的设定为10.12—11.67年的女性主要集中在西藏自治区

---

① 福建省2019年各地市GDP公布：预计今年将诞生2座万亿大城[EB/OL].(2020-03-01)[2020-06-29].https://baijiahao.baidu.com/s?id=1659965340215992820&wfr=spider&for=pc.

的北部、西部地区和新疆维吾尔自治区的西部地区。

而在新疆维吾尔自治区的中部、内蒙古自治区的中部和北部、云南省的中部、湖南省的南部、山东省的东部、浙江省的东部、江西省的南部、河北省的西部、山西省的东部、河南省的西部和南部，这部分地区的女性对于男性的最低学历要求为 11.68—12.91 年。

对男性学历偏好的设定为 12.92—19.00 年的女性主要集中在山东省西部、浙江省西部、广东省南部和西部、广西壮族自治区北部、四川省东部、江苏省西部、安徽省南部、陕西省东部、宁夏回族自治区东部、青海省东北部、辽宁省北部。

在学历方面，婚恋网站上女性择偶差异的空间分布规律为：

（一）同一省份内，中心城市群对学历要求更高

在各个省份内部，处在中心城市群的女性对于学历的要求明显高于同省份其他区域。以四川省为例，成都市、绵阳市和德阳市的女性在择偶时更看重学历。2019 年四川省发布的 GDP 数据显示[①]，成都市、绵阳市和德阳市的 GDP 稳居全省第一、第二和第四。同样，在湖南省，中心城市群如长沙市、岳阳市和益阳市的女性对于男性学历要求较高，而其他地区女性在择偶时对于男性的学历要求相对较低。

同物质财富生产和流通一样，女性的择偶要求也在一定程度上表现了“中心地理论”[②]，即学历层面最有效的空间结构是一个以中心城市为中心的、由相应的多级市场区组成的网络体系。

（二）东南沿海女性对学历要求低，省份内差异小

值得注意的是，这种学历偏好的地域性主要集中在中部地区、西南地区和

---

① 2019 年四川省各市 GDP 排行榜[EB/OL].(2020-05-15)[2020-06-29].http://www.ttpaihang.com/news/daynews/2020/20051549621.htm.

② 该理论由德国城市地理学家克里斯塔勒提出。根据该理论，城市的中心地区不一定是人口最多的，但在交通网络上是处于最关键位置的、能提供很广泛的商品和服务的地区。

东北地区,如四川省、陕西省、湖南省、湖北省和黑龙江省等。在东南沿海区域,这种学历的地域性差距很小,如浙江省和福建省,这两个省份的女性对于男性的学历要求整体偏低,多集中在 10.12—12.91 年之间。

四、婚史偏好与空间差异

采用 ArcGIS 软件对样本进行婚史偏好处理,发现西藏自治区和广西壮族自治区的女性,她们在择偶过程中对于男性是否有过婚史这一条件相对包容,对有婚史的男性接受度高。具体来看:西藏自治区北部和中部、广西壮族自治区中部、广东省北部、福建省南部、江西省北部、河北省南部和四川省西部地区,多集中在婚龄 0.5—0.7 年或者 0.8—1.0 年之间。也就说,这些区域的女性对于理想配偶的婚姻状况要求较高。

而在新疆维吾尔自治区的东部、甘肃省西部、云南省中部、台湾省、内蒙古自治区中部、山西省南部、河北省北部、山东省、浙江省北部、江西省南部、安徽省、河南省南部和中部地区,这些地区的女性对于男性婚龄的要求较为宽松,她们的偏好多集中在 0.3—0.4 年的婚龄之间。

对于男性的婚龄偏好设置在 0.2 年左右的女性主要集中在新疆维吾尔自治区的北部和南部、青海省北部、四川省北部、云南省南部、广西壮族自治区东南部、陕西省东南部、黑龙江省东部、辽宁省南部、浙江省南部、江西省中部、内蒙古北部和中部地区,这些地区的女性对男性是否有过婚史的包容度高。

在婚史方面,婚恋网站上女性的婚史偏好空间差异分布规律为:

(一)少数民族聚集地,女性对婚史要求严格

数据表明,西藏自治区和广西壮族自治区女性对于男性的婚史要求较高。

(二)东北地区和中部地区对婚史包容性高

黑龙江省、吉林省、内蒙古自治区、湖北省、湖南省、青海省这些区域的女性对于婚史偏好具有十分包容的心态。以东北为例,研究指出,尽管近年来东北

地区城市化进程放缓，但较其他地方相对明显，女性受教育程度高，自主意识强，整个地区离婚率不断升高。女性作为离婚主体的概率也不断升高，因此其对于配偶婚史状况的包容性也不断升高。①

而在福建省、江西省、四川省、陕西省和宁夏回族自治区，女性在设定理想配偶的婚史条件时，选择多样。但这种多样化仍存在地域上的差别。以福建省和陕西省为例，两个省份都在选择上呈现出多样化的特征，但福建三明市、泉州市、厦门市和福州市的女性在择偶时对男性的婚史状态要求较为严格，而在陕西安康市、商洛市、延安市和咸阳市，这些地区的女性对男性的婚史状况的最低设定为 0.0—0.1 年，也就是说，她们对男性的婚史状况包容度较高。

综合前面对“世纪佳缘”上的择偶女性所做的相关分析，本章主要结论如下：

第一，“不妥协”的身高偏好：普遍偏高，东北地区要求更高。

在全国范围内，各地区女性更喜欢男性的身高比自身高，这一占比高达 84.80％，而高 6cm—10cm 的男性最受欢迎，约占 40.46％；从地域上来看，平均身高较高的省份如山东省、北京市和东北三省，女性在择偶时要求也较高。

2016 年国务院新闻办发布的《中国居民营养与慢性病状况报告(2015)》显示，山东省的男性身高最高，居全国之首，男性平均身高为 175.44cm；同样，山东省女性身高也居全国之首。其次为北京市、黑龙江省和辽宁省。全国平均身高前十的省份，除了宁夏、上海之外，其他都集中在北方和东北地区。②

可以看出，对身高的“硬性”偏好其实显现的是女性对男性外在形象的一

① 李雨潼，杨竹.东北地区离婚率特征分析及原因思考[J].人口学刊，2011(3)：47-52.

② 2016 年中国男女平均身高、男子平均身高 TOP10 的省市、男子平均身高低于 170 的省市及全国平均身高排行情况【图】[EB/OL].(2017-08-31)[2019-10-17].http://www.chyxx.com/industry/201708/555948.html.

最新全国女孩身高排行榜出炉，倒数第一的省份竟然是……[EB/OL].(2017-12-20)[2019-10-17].http://www.sohu.com/a/211733798_364642.

个基本要求,适婚女性在择偶时更倾向于选择与自己身高"条件相当"的男性。在这方面尤以东北女性为甚,一方面是由于东北女性身高有优势,另一方面也说明东北女性对男性外在形象要求更高一些。

第二,分化的年龄偏好:"姐弟恋"倾向与东北女性爱"大叔"。

传统婚姻里男性比女性年长几岁居多,大多源于女性寻求"保护"和一定程度的依附心理。西方学者也有相关的择偶梯度理论,即男女在进行配偶选择的时候,男性倾向于选择社会地位比自己低的、年龄比自己小的女性;而女性在择偶的过程中,更倾向于选择社会地位比自己高的、年龄比自己大的男性作为理想配偶。[①]简单来说,这就是婚姻配对的"男高女低"模式。女性用自身的资源诸如年龄、相貌和持家力等来换取男性的家世、成就或向上流动的潜力。

但总体样本的年龄偏好显示:70.72%的女性可接受理想配偶的年龄比自己小,其中小 1—5 岁这个区间接受度最高,可达 52.53%。也就是说,女性在择偶的年龄意识上,"姐弟恋"倾向有所显现,这说明女性在家庭婚姻中自主意识的增强。在南方,甚至在西部少数民族地区所呈现出的多元性,也恰恰对应了婚姻家庭内主导权的多元变迁性。

而东北女性在年龄上选择单一,更喜欢选择年龄较大的男性作为理想配偶。这种对"大叔"的偏好,一定程度显现了东北女性的保守意识,也说明了该地区的晚婚趋势更明显,且这种晚婚的趋势还在逐年加深。吉林大学李雨潼教授指出,经济状况对人们的婚姻选择有重要影响。[②] 近年来,东北地区经济增速下滑明显,在事业、生活的重压之下,更多人选择等经济状态稳定之后才开始考虑结婚事宜。

---

① LAM D. Marriage markets and assortative mating with household public goods: theoretical results and empirical implications[J]. Ann Arbor Michigan University of Michigan Population Studies Center, 1988, 23(4):462-487.

② 李雨潼,杨竹.东北地区离婚率特征分析及原因思考[J].人口学刊,2011(3):47-52.

第三,匹配性的学历偏好:本科学历,城市女性匹配偏好集中度较高。

学历偏好最明显的特征有两点:其一,女性自身的学历会对配偶男性的学历选择产生一定影响。学历越低,越容易对配偶的学历不做要求;具有本科学历的女性更倾向于选择有同等学历的男性作为理想配偶;而具有博士等高学历的女性对男性的学历要求则相对宽松很多。数据显示,本科和大专学历的男性最受女性欢迎,占比达 51.06%,说明这个学历层面的女性集中度比较高。

其二,城市女性更看重学历,东南沿海对学历要求低。城市女性更看重学历,反映了城市作为区域中心,往往对人文素质有更高的诉求;而东南沿海对学历要求低,反映了东南沿海作为经济发达地区,经济因素在人们生活中的主导性。

美国社会学家威廉·J. 古德认为,一切择偶制度都倾向于"同类匹配"①,因此,具有相同家庭背景、文化水平、思想意识、审美情趣的人结合在一起,在婚后生活中彼此的调适性更优,有利于促进家庭和谐与婚姻稳定。

第四,差异性的婚史偏好:东北和中部地区婚史包容性强,少数民族地区婚史要求高。

女性对男性婚史要求往往跟个人条件相适应,更倾心于同等婚史的男性,但总体包容度比较高。约 46.16%的女性未对另一半的婚史做相关界定,对未婚、丧偶、离异等各种婚姻状态的选择也较多元化。

而西藏地区和广西地区由于地理原因和历史原因,女性择偶时对于婚史的要求更严格。以西藏自治区为例,独特的地理环境形成了西藏历史上"以一夫一妻制为主体、多种多偶制婚姻形式并存"的特殊婚姻格局。在西藏多偶制婚姻形式中,几个兄弟共同拥有一个妻子的"兄弟共妻制"婚姻结合体,在过去

---

① 古德.家庭[M].魏章玲,译.北京:社会科学文献出版社,1986:75-76.

和现在依然是一种常见的婚姻形式。① 因此，女性在婚姻中处于相对主导地位。故在择偶过程中，占据较大优先权和选择权的女性对另一半的婚姻状况提出了较高的要求。

第五，在局部区域，知识鸿沟依然存在。

值得注意的是，在分析“世纪佳缘”适婚女性的各种偏好中，四川省西部地区的甘孜州、凉山州、阿坝州以及贵州省大部分地区，都呈现出“空白”的特征，这表示尚未收集到该地区的女性样本。可以看出，在互联网如此发达的今天，知识鸿沟现象仍旧存在。经济发达的地区先一步使用较为先进的媒介来满足自己的婚姻需求，而经济相对落后的地区还未开始接触新的媒介，或者还未开始使用相关媒介来实现自我的满足。

本章依托“世纪佳缘”婚恋网站的相关样本，考察了现代女性的择偶偏好。虽然考察的视角主要集中于身高、年龄、学历和婚史四个角度，但当引入区域空间因素时，这种择偶偏好的差异还是显现出了不同地区的经济、文化以及社会传统观念的潜在影响。

关于女性择偶的研究还存在局限之处。国内相关研究显示，随着社会的进步，像教育、职业、收入、住房等社会经济条件是影响人们择偶时的重要条件，而兴趣、爱好以及个人的精神和心理需求也越来越成为人们选择伴侣的重要影响因素。因为所选取的婚恋网站“世纪佳缘”对于配偶要求的设定局限，所以，本章仅从身高、年龄、学历和婚史等基本情况进行了地域性研究，在探讨女性择偶时所倚重的社会经济因素还存在不足，更未涉及个人的精神和心理需求。

本章运用自然断点法定量初步探索了婚恋网站上的现代女性择偶偏好与区域空间的关系，从地理学视角对女性择偶要求进行了研究与探索，未来在全面系统收集数据的基础上，尚有更广阔和深入的拓展空间。

---

① 杨成洲，杨帆.反思与超越：传统西藏一妻多夫制婚姻中的伦理议题探究[J].西藏研究，2017(4):90-96.

第四章 婚姻问题:权力规训与媒介反抗

——以“中国式逼婚”为例

2017年春节期间,上海彩虹室内合唱团的一首《春节自救指南》引发热议。这首歌以戏谑的方式道出了春节拜访亲友时的“血雨腥风”。不知从何时起,“相亲结婚”与考学升学、工作薪资等一并成为亲戚朋友之间相互攀比、相互讨论,却让青年人十分反感的话题。《春节自救指南》中的一句歌词“我应该毕业一个月内就任总裁,闪电相亲立马结婚生小孩,最好是龙凤胎”道出了个中无奈。

无独有偶,2019年春节期间,几档情感代际观察类节目的推出,再一次将“相亲结婚”这一话题推到了风口浪尖。节目中不乏父母亲朋的顺从者,但更令人瞩目的是其中的“叛逆者”,他们在传统婚恋观的高压下我行我素,与父母的想法背道而驰。也正因此,两代人的观念冲突在“叛逆者”身上体现得淋漓尽致,“中国式逼婚”成为人们的热议话题。

在媒体的渲染之下,所见所闻似乎均表明整个社会处于巨大的婚姻焦虑之中。大众将此归咎于父辈落后的婚恋观念。亲戚朋友的八卦碎嘴均无可厚非,但正如米尔斯所言,“个人只有通过置身于所处的时代中,才能理解他自己的经历并把握自身的命运,他只有变得知晓他身处的环境中所有个人的生活机遇,才能明了他自己的生活机遇”①。当人们进一步思考社会中的各类权力因素对于个体的规训时,才有可能挣脱权力的囚笼,甚至超越权力的规训。

第一节　“中国式逼婚”的形成背景与概念界定

一、背景与意义

(一)背景

随着时间的推移,一批趋近适婚年龄的青年人正面临着“中国式逼婚”的难题。与父辈、祖辈婚恋观的分歧,社会价值观对青年人造成的压力,青年人“被逼婚”成为一种社会现象的同时,也成为公众探讨的话题。

一方面,在现实生活中,“被逼婚”人群日益壮大;另一方面,媒介成为人们反抗“逼婚”的重要场域。各类综艺节目也越来越多地涉及“中国式逼婚”的内容,在湖南卫视的热播综艺《我家那小子》中,几位嘉宾妈妈主要谈论的话题都与子女的婚恋问题有关,引发了全民热议。微博中与“中国式逼婚”相关的话题拥有数十万的讨论量。

2019年春节期间,仅芒果TV便推出了《我家那闺女》《女儿们的恋爱》两档婚恋成长观察类综艺,引发了人们对“中国式逼婚”现象与代际婚恋观冲突的探讨。此外,各种形式的媒介都成为“被逼婚”群体以及自媒体人反抗的工具,例如上海彩虹室内合唱团的《春节自救指南》、网络红人papi酱的自制视频均对这一现象进行了吐槽,产生了巨大的反响。

通过查阅资料可以发现,“中国式逼婚”并非是一个自发形成的社会现象,而是各种权力模式共同作用的产物,“被逼婚者”也不是逆来顺受的被动个体,

① 米尔斯.社会学的想像力[M].陈强,张永强,译.北京:生活·读书·新知三联书店,2005:4.

而是会对规训权力进行反抗的能动主体。随着新媒体的快速发展与赋权，社会涌现出各种超越规训权力的个体选择与个体创造行为。本章正是基于对“中国式逼婚”这一现象的考察与反思，探讨权力规训与反抗，并思考其对现代社会的意义。

（二）意义

对“中国式逼婚”进行研究的意义主要有以下三个方面：首先，理论层面，在以往社会学研究的基础上，尝试在传播学视域下分析“中国式逼婚”现象，尽可能多地利用传播学批判学派的理论视角展开论述，剖析该现象背后的权力结构以及对权力的反抗与超越，反思其对于现代社会的启示与意义。本章将在社会场域之中探讨“中国式逼婚”背后的经济、社会、话语权力，分析情感结构、意识形态对于该现象的催化作用；同时探讨“被逼婚者”对于权力的逃离、反抗与超越。其次，研究方法层面，在文献研究的基础上结合问卷调查法与访谈法，深入了解“被逼婚者”的社会背景，收集被访者对这一现象的看法，做到定量与定性分析相结合，兼具客观性与深入性。最后，研究内容层面，将现实中的“逼婚”现象研究与群体利用新媒体进行的反抗行为的分析结合起来。新媒体日益成为大众生活中不可或缺的平台，将新媒体平台的内容纳入研究范畴之中，可以增加研究的丰富性、广泛性与深入性。

二、现阶段研究成果

（一）现阶段研究成果

1.有关“中国式逼婚”的研究

“中国式逼婚”是近几年出现的新词语，目前关于这一议题的研究较少。查阅、整理相关文献可以发现，当前对于这一话题的讨论与研究大多从社会学视角切入，从家庭结构、社会结构、代际冲突等层面对“中国式逼婚”这一社会现象进行解读。

关于“父母逼婚”的定位,有研究者将“逼婚”现象置于社会转型期背景之下,认为“父母逼婚”现象不是一个社会问题,而是社会发展到一定阶段由多种原因导致的代与代之间关于婚姻问题的一种冲突,是一种社会现象,指出了“中国式逼婚”背后的原因主要是不完善的社会制度、传统与现代婚恋观的碰撞以及代际价值观的鸿沟,并将此称为转型时期特殊的“中国式婚姻焦虑”。①

个案分析是研究“中国式逼婚”现象的一个有效方法,能够具体形象地展示以不同形式呈现出来的逼婚现象,但它们又都具有相同的本质特征。有研究采用个案分析的方法,对7个案例进行分析和总结,最终把“中国式逼婚”归结为社会变迁的产物。②

姜亦炜对婚姻中的社会干预进行分析,指出从古代延续下来的关于婚姻的规范性知识体系规训着人的婚姻态度,经济、制度、知识、家庭等社会结构的子系统影响着人的婚姻状态。③

在《解读中国式“逼婚”》这篇文章中,作者试图用群体与组织理论解释“逼婚”何以存在。④当前,虽然“中国式逼婚”作为一个热点现象逐渐受到人们的广泛关注,也引发了一定的社会讨论,但是我们在整理资料的过程中,却发现对“中国式逼婚”的研究甚少,能够在传播学视域下解读这一社会现象的研究更是凤毛麟角。

2.有关权力与反抗的研究

福柯的权力理论是许多传播学研究者解释社会现象的理论工具。福柯在《规训与惩罚:监狱的诞生》一书中阐述了三种简单有效的规训方式,分别是层

---

① 杨佳佳.“父母逼婚”现象的社会学解读[J].当代青年研究,2014(6):96-99.

② 柳倩.“中国式逼婚”的社会学思考[D].贵阳:贵州大学,2017.

③ 姜亦炜.婚姻中的社会干预:基于“知乎”中关于“中国式逼婚”的访谈调查[J].浙江社会科学,2017(11):70-79,157.

④ 马春华.解读中国式“逼婚”[N].中国妇女报,2017-02-20(B01).

级监视、规范化裁决和检查。在福柯看来,知识、权力都是用来规训个体的有效手段,个人处于"全景敞视监狱"中,成为被观看、被规训的个体。

各种权力机制通过"惩罚—奖励"的方式约束个人的行为,在"中国式逼婚"这一现象中,遵循权力机制的个体会被冠以"人生赢家"的头衔,而游离于机制之外的个体则需要接受"惩罚"。

在既有文献中,对福柯权力理论的解读非常详尽,《权力的眼睛:论福柯对权力的分析》一文详细阐述了福柯对权力的批判,并对关系网络中的身体问题进行了解读;[①]《微观权力视角下自愿戒瘾场域的身体规训》正是利用福柯的权力理论解释自愿戒瘾场域中的身体规训现象,是传播学理论与社会现象的成功结合。[②]

福柯认为,"哪里有权力,哪里就有阻力",与之相应的是"哪里有权力,哪里就有反抗"。权力与反抗是相伴相生的,《规训与反抗:〈迈克尔·K的生活和时代〉主题研究》一文着重分析了权力运作的方式、对权力的反抗及其意义。[③]

在中国的亲子关系中,同样存在权力现象。《权力视野下的"中国式亲子关系"》指出,"中国式亲子关系"中存在明显的父母主导、子女顺从,以爱的形式表现的一种隐蔽的权力。[④]

"中国式逼婚"并非简单的社会现象,而是各种权力相互作用的产物。我们在文献整理过程中发现,福柯的权力理论与"中国式逼婚"现象相结合的研究仍存在空白,人们对于该现象中反抗行为的研究亦很少涉足。

---

① 胡春光.权力的眼睛:论福柯对权力的分析[J].重庆师范大学学报(哲学社会科学版),2011(3):85-93.

② 陈磊.微观权力视角下自愿戒瘾场域的身体规训[D].广州:中山大学,2012.

③ 李洋洋.规训与反抗:《迈克尔·K的生活和时代》主题研究[D].南昌:江西师范大学,2017.

④ 宁雅.权力视野下的"中国式亲子关系"[D].北京:中国青年政治学院,2017.

3.研究方法

现存的有关“中国式逼婚”的研究中,大多数研究者主要以文献研究、内容分析为研究方法。《婚姻中的社会干预:基于“知乎”中关于“中国式逼婚”的访谈调查》正是通过对知乎中有关“中国式逼婚”的访谈内容进行分析而得出的相关研究结论,但美中不足的是,文章中并未详细介绍或体现出研究方法。[①]《“中国式逼婚”的社会学思考》采用个案分析的方法,对7个案例进行分析和总结,归纳出不同的类型,在此基础上进行原因分析。[②]

由于福柯的权力理论属于批判学派的范畴,因此大多数研究者往往采取经验的、思辨的定性研究方法。

(二)研究对象与研究方法

1.研究对象

有“被逼婚”经历,以及对于“中国式逼婚”有自己的意见或想法的青年群体。

利用新媒体平台,对“中国式逼婚”进行过反抗的青年群体。

适婚青年群体的父母,对子女施加“逼婚”行为或对“中国式逼婚”有见解的父母。

2.研究方法

问卷调查法。设计有关“中国式逼婚”的问卷,分发给被调查者。一方面收集青年群体“被逼婚”的经历、对于“中国式逼婚”现象的看法、针对被逼婚行为作出的反抗等方面的资料;另一方面,收集家长群体对于“中国式逼婚”的见解。期望通过对问卷资料进行分析,了解两代人婚恋观的差异与冲突,并尝试

---

① 姜亦炜.婚姻中的社会干预:基于“知乎”中关于“中国式逼婚”的访谈调查[J].浙江社会科学,2017(11):70-79,157.

② 柳倩.“中国式逼婚”的社会学思考[D].贵阳:贵州大学,2017.

从该现象背后挖掘深层的权力博弈与反抗行为。

访谈法。访谈法主要通过滚雪球抽样的方式选取受访者。先对身边有“被逼婚”经历的个人进行深入访谈,再由这些被访者提供另外一些属于研究目标的调查对象。与被访者进行深入沟通,选择具有代表性的案例,分析“中国式逼婚”背后的权力规训与反抗行为。

文献研究法。借助网络期刊数据库,收集以往研究者在“中国式逼婚”、权力规训、媒介反抗等方面的研究成果,借鉴前人的理论框架、研究方法、案例分析,为后续研究建立基础,明确方向。

三、“中国式逼婚”的概念界定

所谓的“中国式逼婚”,通常是指“父母逼婚”。有文章将“中国式逼婚”定义为“父母用威胁和暴力手段强迫自己的儿女成婚”①。该定义存在一定的偏颇。根据研究与观察,当下父母鲜少采取暴力手段强迫儿女成婚;此外,“中国式逼婚”的含义绝非仅止于此,寥寥几个字无法概括“中国式逼婚”背后深层的权力关系。若要对“中国式逼婚”进行更加深入的解读,则需要了解“中国式逼婚”的一般特征。

首先,“逼婚”与包办婚姻具有一定差异。尽管“逼婚”与“包办”均属于缔结婚姻的方式,两者均带有“逼迫”的意味,但“逼婚”在形式上的不可协商性更加严重。尽管包办婚姻遵循“父母之命,媒妁之言”的缔结形式,但当事人双方还有结识和协商婚姻的可能性,而“逼婚”则没有协商的余地。在“逼婚”的过程中,相较于结婚的对象,父母关注的焦点更多在于子女是否结婚这一结果上,而当下的青年群体在择偶过程中考虑的问题更加复杂,这便成为引发矛盾的导火索之一。

① 杨佳佳.“父母逼婚”现象的社会学解读[J].当代青年研究,2014(6):96-99.

其次,“中国式逼婚”凸显出的问题,并非囿于“婚恋”本身,而是代与代之间的婚姻观念、价值观念、权力意识等方面的激烈碰撞。由于两代人的生活背景不同,父母难免将“男大当婚,女大当嫁”的婚姻观念强加给子女;上一辈人接受了更多“家本位”的价值熏陶,而在改革开放深入发展的背景下成长起来的年轻一辈,逐渐接触并受到“个人本位”价值观的引导,可以在很大程度上将个人与家庭剥离开来;至于权力意识的冲撞,包含了经济权力、社会权力、知识话语权力等诸多方面,这也是本章讨论的核心要点,将在后面详细讨论,在此不加赘述。

最后,“中国式逼婚”是一种产生于代与代之间的循环性现象。这一现象中包含三个环环相扣的过程:其一是子女没能在“适当”的时间完成结婚这一社会行为。其二是父母对子女的不婚状态产生不满,诱发“逼婚”行为。其三是子女对“逼婚”产生反感,进行“反逼婚”。“反逼婚”最常见的表现即为保持不婚状态,如此循环往复,致使矛盾加剧。

第二节　“中国式逼婚”的现状、体验与认识

一、问卷调查及数据分析:“中国式逼婚”的现状

为探究青年群体及其父母对于“中国式逼婚”的体验与想法,我们通过问卷调查法搜集了“中国式逼婚”的相关信息。本次问卷(见附录一)的数据资料成为进一步分析“中国式逼婚”的重要现实依据。

本次调查共回收问卷 283 份,其中有效问卷 274 份,问卷主要从受访者的基本特征、“中国式逼婚”的权力规训以及对于“中国式逼婚”的反抗三个方面展开调查。本次调查的样本采用偶遇抽样的方式,在社交平台上发布问卷,调查对象是有“被逼婚”经历或对“中国式逼婚”持有意见的青年群体。问卷内容

主要分为三个部分:受访者的基本信息、“中国式逼婚”中的权力规训与惩罚以及“中国式逼婚”中的反抗。

(一)受访者的基本信息

关于婚恋问题,代际矛盾的导火索是两代人截然不同的婚恋观。图 4-1 与图 4-2 中的数据分别显示了受访者与受访者父母对于晚婚或不婚的态度。青年群体对于晚婚或不婚的接受度更高(73.23%),而能够接受子女晚婚或不婚的父母仅占受访人数的 13.5%。在本次调查中,85%的受访者表示父母对其施加过“逼婚”行为,但仅有 41.24%的受访者表示能够理解父母的“逼婚”行为,见图 4-3。由此,子女的晚婚、不婚倾向与父母“逼婚”产生冲突,代与代之间的矛盾开始显现。

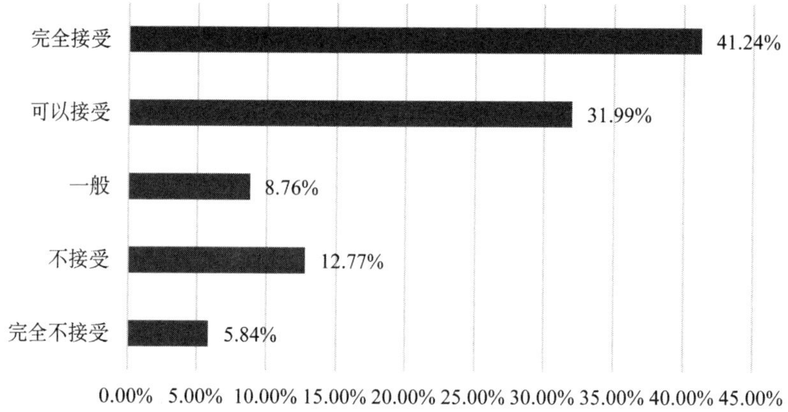

图 4-1 受访者对于晚婚或不婚的态度

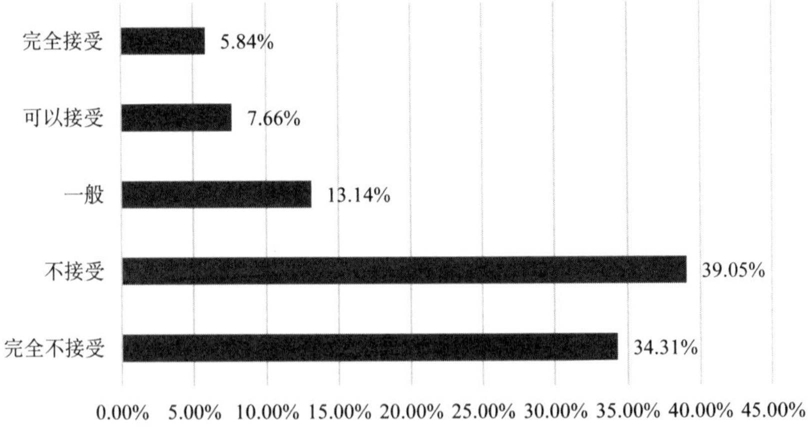

图 4-2 受访者父母对于晚婚或不婚的态度

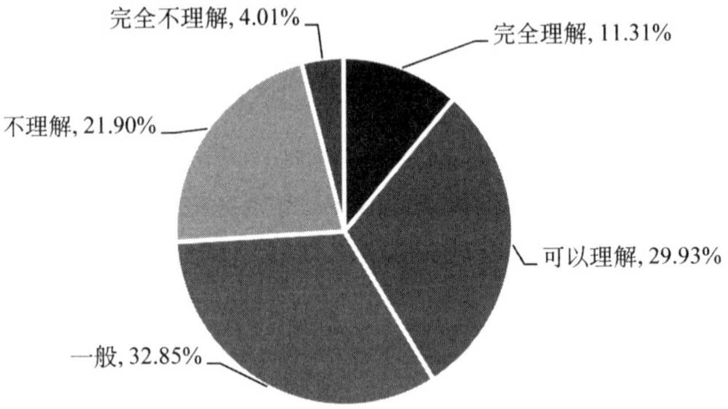

图 4-3 受访者对于父母"逼婚"行为的态度

(二)"中国式逼婚"中的规训与惩罚

根据图 4-4 和图 4-5 中的数据可以总结出,"中国式逼婚"中的权力主要包含经济权力、社会权力和知识话语权力。

首先,子女在经济上对父母具有一定的依赖性,这使得父母的经济资本转化为经济权力,借此干预子女的生活。

其次,父母的"逼婚"行为在很大程度上受到传统观念和社会舆论的驱动。

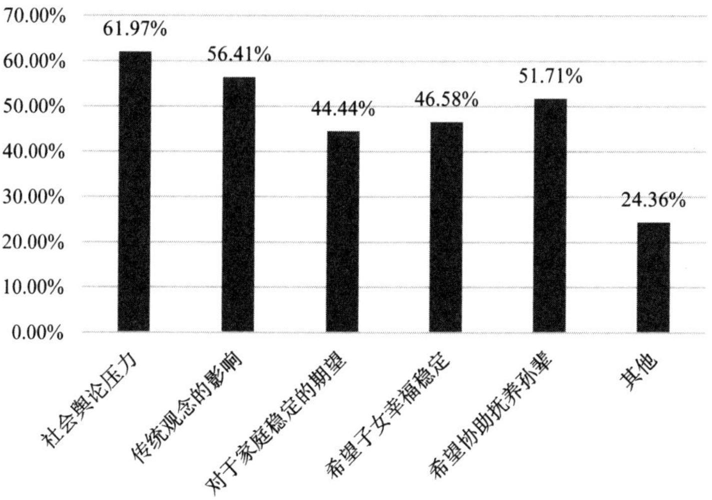

图 4-4 父母“逼婚”的原因

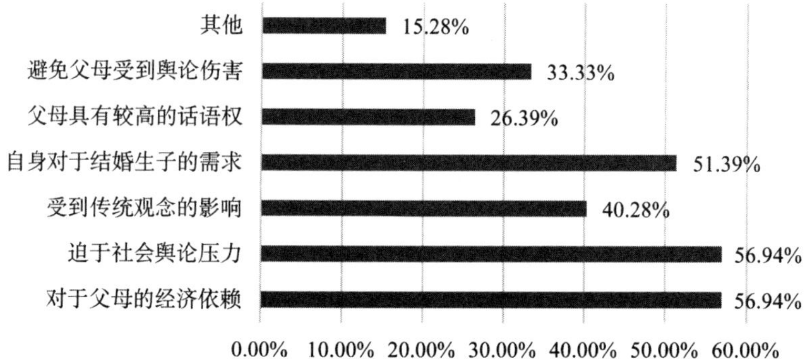

图 4-5 顺从父母“逼婚”的原因

“养儿防老”“男大当婚，女大当嫁”的观念在父母的思想上根深蒂固；社会上对于晚婚、不婚的不友好言论，不仅为父母，也为适婚的青年群体戴上了镣铐，使他们处于社会权力的规训之中。

最后，经年累月的历史积淀，往往使父母处于家族话语体系的塔尖，从而在“婚恋”问题上拥有较高的话语权。同时，当下适婚青年群体的学历与其父母的学历产生倒挂现象（见图 4-6）。在本次调查研究中，90.88%的受访者为本科及以上学历，而72.26%的受访者父母为初中及以下学历，两代人不同的教育背景与文化水平影响了各自的婚恋观，也成为父母的话语权力与子女的婚恋意愿产生冲突的重要因素之一。

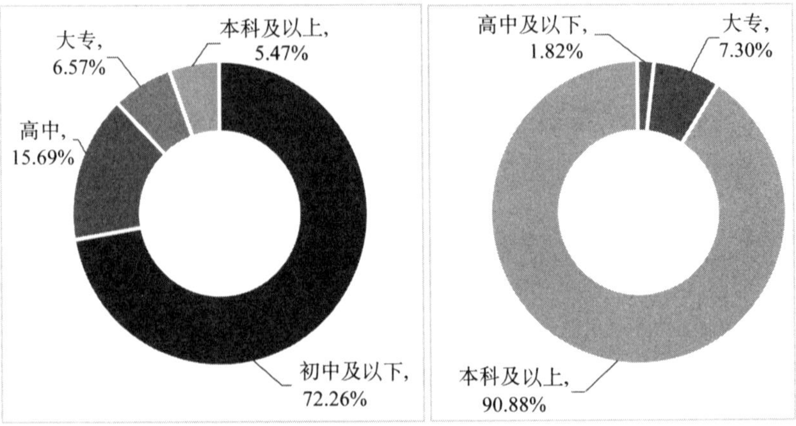

图4-6　受访者父母学历(左)与受访者学历(右)

(三)“中国式逼婚”中的反抗

“中国式逼婚”现象中并非只有权力的规训与惩罚，也包含对权力的反抗。在本次调研中，有近70%的受访者表示不会一味顺从父母的“逼婚”行为，会采取出走、沉默、吐槽、讨论等方式进行反抗。不难发现，以微博、微信为代表的新媒体平台已经成为一众青年人进行反抗的重要平台。这些反抗方式与福柯阐述的局部斗争及现代生存美学不谋而合。

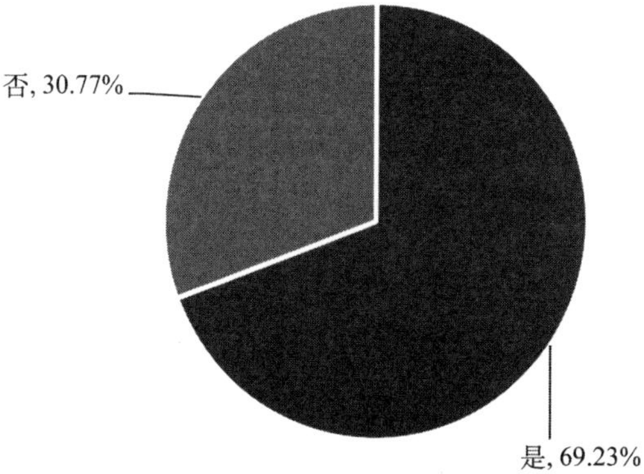

图 4-7 受访者是否一味顺从父母“逼婚”

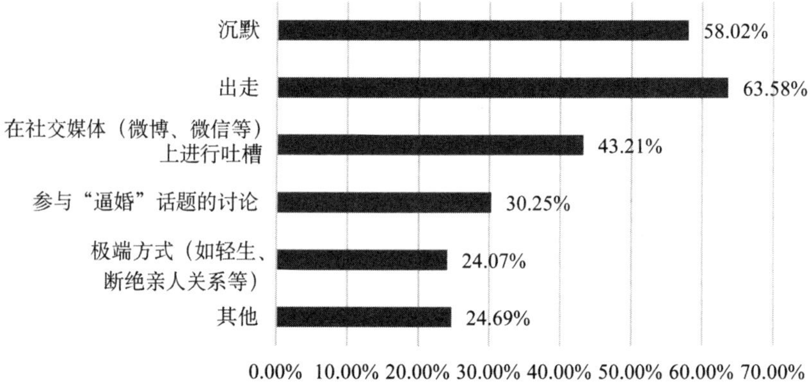

图 4-8 受访者反抗“逼婚”的方式

二、访谈与结果概述：青年群体对于“中国式逼婚”的体验与认识

(一)访谈设计

考虑到问卷在调查深度上的局限性，本次研究同时采用访谈法对问卷结果进行补充。本次访谈采取滚雪球抽样的方式选取了 5 名受访者，这 5 名受访者均有“被逼婚”的经历。访谈的目的在于深入了解“中国式逼婚”现象形成

的内在动因,受访者对于“中国式逼婚”的看法、采取的反抗行为及成效等问题,在分析“中国式逼婚”时,将这些案例作为现实支撑。详细的访谈提纲见附录二。

访谈对象 1:刘瑞,男,25 岁,未婚,大专毕业生,现于杭州从事设计一职。

采访对象 2:王金童,男,34 岁,已婚,大专毕业生,现于深圳从事旅游业。

采访对象 3:田雨,女,21,未婚,本科大四学生。

采访对象 4:钟林,女,24 岁,未婚,二本毕业生,现于上海从事会计工作。

采访对象 5:周武,男,22 岁,未婚,军校学生。

5 名受访者均采用化名的方式。

(二)访谈结果

本次访谈的结果与问卷调查数据基本一致。根据与受访者的深入交谈,我们得出以下几点结论:

首先,父母对子女的逼婚,始于受访者处于“应该结婚的年龄”。父母往往将子女的同龄人作为参考的标准,在子女超出“标准”年龄仍未婚配时,父母的“逼婚”行为便开始出现。

其次,子女认为父母“逼婚”最主要的原因是传统观念和社会舆论的双重影响,而对于经济权力以及知识话语权力的认识还处于一种无意识状态。

再次,受访者表示能够在一定程度上理解父母的“逼婚”行为,部分受访者甚至能够明白父母也是受到社会权力规训的个体,但该行为仍会使双方感情产生裂痕。

最后,受访者普遍认为“中国式逼婚”是一个社会问题,但对于“中国式逼婚”与社会问题的理解仍停留在现象层面,没有更深一步的思考与理解。

第三节 “中国式逼婚”中的权力规训与反抗

布迪厄的场域理论认为,社会场域是由多种因素相互作用而产生的。据此不难理解,单就“婚恋”这一问题而言,代与代之间的摩擦与冲突正是由不适配的价值观念、不对等的权力地位、不同的知识结构等因素直接或间接地引发的。

那么,为何父母的“逼迫”与子女的“反抗”又如出一辙呢?根据恩格斯的合力说,个人的意志与选择看似毫不相关,甚至相互冲突,但它们又都遵循着一定的内在逻辑,因此产生了无数相互交错的力量,形成了“无数个力的平行四边形,最终产生了一个合力,即历史的结果”①。

以合力说作为理论指导,“历史的结果”并非是一种宿命,“逼婚”与“反逼婚”两种行为的产生,都与场域内的每一个能动个体的行为意志密不可分。尽管在历史的洪流中,个体行为显得微不足道,但个体的合力却是推动历史形成与向前发展的重要推手。社会与历史是由个体创造的,而被创造出来的权力与规则,无论是经济权力、社会权力还是知识话语,又反作用于个体行为,对个体行为进行规训。

一、“中国式逼婚”中的权力规训

(一)经济权力对个体的规训

有研究者基于“中国式逼婚”访谈得出的结论显示,“逼婚”程度与地区发展水平之间存在着正相关关系,逼婚的重灾区通常是经济较发达的地区,而在经济相对落后的地区或低收入群体中,逼婚现象却鲜有发生。也许是由于研

① 中共中央马克思恩格斯列宁斯大林著作编译局.马克思恩格斯选集:第4卷[M].北京:人民出版社,1995:697.

究对象的选取有所不同，抑或是在研究方法上存在差异，在本章研究中的发现与之前已有研究结果有一定出入。

计划生育时期的宣传语“晚婚晚育，少生优生”可谓深入人心，经济发达地区的人拥有更多接受教育的机会，因此更容易接受与传统婚恋观、生育观截然相反的观念；此外，经济发达地区优先进入产业转型阶段，加上大量外来务工者的不断涌入，使得经济发达地区对于劳动力的需求较低，因此也降低了人们的生育意愿，而欠发达地区则恰恰相反，在计划生育政策推行期间，由于欠发达地区时常“游离”于政策之外，使得该政策上行下达产生一定困难，“早婚早育”的观念仍根植于人们的观念之中。

在展开研究的过程中我们注意到，部分农村墙面上的标语依旧是“将计划生育政策执行到底”，欠发达地区政策接受、更新之慢，可见一斑。因此，在经济发达地区“晚婚”观念与“晚婚”行为的适配性并未使父母产生认知不协调。随着经济的发展，欠发达地区青年群体的文化水平不断提高，更加倾向于“晚婚”，而这一观念与上一辈的婚恋观相悖，使得父母产生极大的认知失调，企图采用“逼婚”的方式来扭转子女行为与父母认知之间的失调状态。据此，当前出现“逼婚”现象的重灾区，当属经济落后地区以及城市中的低收入群体，这也从结构上解释了“逼婚”的原因。

而“逼婚”的动因不啻父母的认知失调，两代人之间不对等的经济权力关系也是“中国式逼婚”的催化剂。在国外，父母对子女的抚养义务在其成年后就基本上结束了，而国内父母给予子女的经济支撑通常要延续到婚后。一位受访者来自吉林的一个三线城市，他说：“我们家结婚的传统是，男方需要买房，女方则需要买车。”看似轻描淡写的一句话，道出的是双方父母所要承担的经济压力。“我爸妈和我说，我们这一代人很幸运，大部分都是独生子女，结婚后房与车都由父母负担了。”每一个子女，自呱呱坠地到蹒跚学步，到学习考试，再到结婚生子，来自父母的经济支持贯穿了子女人生的绝大部分阶段。子女似乎习惯了在经济上向父母索取,甚至对此不以为意,但在享受父母提供经济支持的同时,相伴而生的是父母利用经济权力介入甚至控制子女的人生。

一项研究调查了父母赠予对子女首套房购置行为的影响,在接受调查的685名受访者中,仅有22.81%的子女在购房时既没有接受父母的赠予,也没有接受配偶父母的赠予。也就是说,近80%的受访者在购房时需要父母接济。①

个体在社会场域中持有的资本都能相应地转化为权力,据此可以更好地理解场域内的权力依附关系。父母在经济上占据主导地位,这种主导地位会在决策时相应地转化为主导权力,处于权力重压下的个人往往潜移默化地被操控,妥协于经济压力,也妥协于经济权力。受访者刘瑞来自江西省一个三线城市的农村家庭,2018年大专毕业的他在杭州工作了一年的时间。刘瑞说,刚到杭州工作的时候,生活拮据到只能吃咸菜度日,但他从未向家中告知自己的工作和生活状况。2019年春节,刘瑞的父母强硬地要求他与同村女生相亲并尽快结婚,但这显然不在刘瑞的计划之内。"我人生的头24年都是在父母的经济支持下度过的,即使现在再苦再难也不能告诉父母,否则他们就会要求我更多,我也觉得亏欠他们更多。"刘瑞如是说。

代与代之间的关系犹如两颗星轨交错而互不干扰的行星。如果父母依托经济权力介入子女的生活轨迹,尽管权力作用会改变行星的运转轨迹,但难免会打破两颗行星间的平稳状态,甚至产生剧烈的碰撞。社会中存在着"劳苦"则"功高"的观念,父母在付出大量经济资本之后上升的控制欲望催生"逼婚"行为,而子女独立决策的诉求在行动上表现为"反逼婚",二者的矛盾使前者产生巨大的落差,同时使后者产生心理上的逆反与不适,最终使得"逼婚"与"反逼婚"的抗争愈演愈烈。

---

① 刘金东,杨晨.父母赠予如何影响子女首套房购置行为:基于年轻子女微观调研数据[J].经济与管理评论,2016(5):29-36.

(二)社会权力对个体的规训

费孝通在《生育制度》中否认婚姻是件私事,婚姻是关系到两个个体以及家庭的事情,个体和家庭并非处于真空之中,从配偶的选择到婚姻的缔结,再到子女的养育都是在社会干预下进行的。任何一个个体在社会上行走,个人习惯与社会习惯并非完全契合。每个个体自孩提时代起就在接受社会的各种思想规范和行为准则,因为人要在社会中生存,必然需要学习并遵守这个社会的各项法则。戈夫曼的拟剧理论不仅描述了"前台"与"后台"的差别,也论述了社会是如何利用一套符号化的事物来约束个体行为的。

男性需要坚强果敢,悲伤流泪则是懦弱的象征;女性需要温柔贤淑,过于奔放外向则会被冠以"男人婆""母老虎"的恶名;女性选择不婚或者拒绝生养孩子会被认为没有德行,甚至被视为异类;孩子随母姓,隐喻着父亲入赘或者夫妻二人感情不和。社会中存在着一个庞大且深不可见的规则系统,多数规则以一种和平的方式运行着,代表的是整个社会的合意。这种温和的规训方式被戈夫曼称为"剧班共谋"。福柯批判权力对人的规训,是一个逐步丧失主体性的过程。在福柯看来,社会对个体的规训需要经历以下过程:它将个体纳入整体之中并划定区分内外圈层的标准,度量个人的价值与能力,在这一范围内对个体施加压力,最后处于不规范者的边界之外的个人则需要接受整个社会的惩罚。

个体与社会之间存在缝隙,也许是为了使个体适应、顺从社会规则,所以人类创造了家庭和父母,让他们剔除子女与社会不合的本性;如若不然,二者将双双成为社会惩罚的对象。1995 年出生的刘瑞是家中的长子,还有一个比他小两岁的弟弟。长子不婚,次子也无法婚配的观念支配着刘瑞的父母。刘瑞的父母表示,由于他不结婚导致弟弟也无法结婚,他就成了全家的"罪人"。诚然,父母激烈的言辞令人心寒,但深入思考其中的原因却也觉得此番言论无可厚非。一方面,"养儿防老"的观念根深蒂固,不完善的社会制度和社会保障机制加剧了父辈的不安感，并将这种焦虑转移到子女身上；另一方面，社会在这三四十年日新月异，父母生长在改革开放前的六七十年代，而子女的价值观则形成于改革开放持续发展的八九十年代，两代人的思想之间存在一个巨大的断层，子女的晚婚甚至不婚行为，造成的后果是旁人对父母的指指点点，品头论足，“我不结婚，他们就会戳我父母的脊梁骨”。这个“他们”，可能是八卦的街坊邻里、好事的三姑六婆，更可能是存在于社会中坚不可摧的思想牢笼——他们化作权力的枷锁，扼住了两代人的咽喉。这不仅是一个家庭中两辈人的思想碰撞，更是整个社会中两代人思想的交锋。

细细想来，我们甚至无法指责父母的旁敲侧击、软磨硬泡，抑或疾言厉色、咄咄逼人。因为在社会场域中，被规训的并不只有“被逼婚”的子女，还有“被逼迫”的父母，二者都是被社会权力规训的对象。

（三）知识话语对于个体的规训

戈夫曼的“剧班共谋”强调社会对于个人的影响是潜移默化的。在福柯看来，要完成对个体的规训，可以通过层级监视、规范化裁决和检查三种手段，将个人置于“全景敞视监狱”之中，把表象的、强硬的规训转化为弥散在整个社会中监视和检查的目光，规训手段也从血肉模糊的外在规训转向灵魂、思想上的禁锢，也即利用知识话语权力使大众成为符合规范的个体。

有关婚育问题，从古时候的“不孝有三，无后为大”，到“到了年纪就该结婚”，再到经久不衰的“养儿防老”，社会的主流话语都将晚婚或不婚视作洪水猛兽。福柯认为，知识并没有如预想中一样解放大众的思想观念，反而助力社会规范将人们束缚得更紧。除了社会中的主流话语会对人们产生规训作用外，话语结构和知识话语体系也都共同起到了约束作用。

一方面，小到家庭，大到社会，话语权往往成为规训其他个体的利器。古时的“父母之命，媒妁之言”，甚至在婚礼时，也遵循着先拜天地，再拜高堂，最后才是夫妻对拜的顺序，足以看出父母话语权力的至高无上性。受访者周武告诉笔者，他的爷爷在家中掌握着绝对的话语权。周武在军校读书，平日不常回家，因此每年春节就成为爷爷话语权集中输出的时期，“我们家经常召开家庭会议，爷爷坐在主位上，所有的人都围着我，你也许永远也无法体会那种‘三堂会审’的感觉，因为职业特殊，我才逃过一劫，不被催婚”。“家本位”是我国的主流价值观，子女无法独立于家庭之外，甚至被认为是父母的“所属物”，因此“听话”成为衡量孩子是否懂事、是否被社会认可、是否能被他人喜欢的重要标准之一。“25 岁还没有结婚的女生就会开始贬值，变得难嫁”，同时社会话语权力会为“他”或“她”打上“不听话”“不孝顺”的标签，这些标签带来审查的目光、恶毒的言论，成为惩罚的手段之一。

另一方面，父母与子女之间存在知识的倒挂现象。问卷调查结果显示，在所有受访者中，父母为大专以上学历的仅占 12.04%，而 98.18%的受访者为大专以上学历。这意味着，较之于父母，绝大多数的子女接受过高等教育，“家有一老，如有一宝”的传统观念与不对等的知识水平产生了矛盾。知识结构与知识水平的差异催生了两代人不同的生活观念与生活方式，也是产生“中国式逼婚”的动因之一。急速推进的城市化进程不断打破“远亲不如近邻”的观念，重构了“鸡犬之声相闻，民至老死不相往来”的生活方式。在快节奏的城市生活中，人与人之间的交往看似开放，实则变得更加封闭，一次次画地为牢的过程，加剧了父辈的孤独感和焦虑感。在被割裂的空间中，许多中国父母的社会圈最终只能局限于子女，或者说最主要的重心就是子女。当父母将生活的绝大部分精力放置于子女身上时，自然会对子女的婚恋状态投入十万分的关注。此外，在工作、住房、子女教育等重压之下，青年人或是被逼无奈，或是自愿将下一辈交与父母养育，长此以往，带着些许约定俗成的意味，抚养孙辈成为父母的一项义务。父母催促甚至逼迫子女结婚生育，部分原因是希望在自己身体还算硬朗时为儿女减轻负担，而另一部分原因则是希望通过抚养孙辈，冲淡生活的百无聊赖。

从中我们可以得出的结论是，知识结构与话语权力对于人的规训是潜移默化的，它将成规旧识融入社会的血管之中，再进入个人的骨血肌理，完成对个体的规训。那些企图逃离规训的不规范个体，将会受到来自社会、家庭的审视与惩罚。

二、“中国式逼婚”中对权力的反抗

福柯批判了权力的规训作用，他认为权力会使人逐渐丧失主体性与精神自由。因此在对规训权力进行批判的同时，他也提出了两种反抗权力规训的策略：局部斗争与现代生存美学。在“中国式逼婚”现象中，也存在着对这两种策略的运用。

（一）局部斗争

福柯认为，不存在大规模拒绝的中心和反叛的核心，抵抗是多元的，每一种抵抗都是一种特例。① 问卷调查的结果显示，有众多“被逼婚者”曾经采取沉默、出走的方式进行反抗。随着媒介的不断发展成熟，新媒体尤其是社交媒体逐渐成为人们进行反抗的场域，但利用媒介进行反抗并非全民参与的过程，其中也不乏不同的声音出现，因此更具有福柯笔下“局部斗争”的典型特点。

1.制造话题

在新浪微博的搜索框中输入关键词“逼婚”，系统自动推荐的话题有“遭遇家里逼婚怎么办”“过年要怎样应付亲戚逼婚”“父母逼婚”“反逼婚大作战”等话题，每个话题的讨论量都在一万以上，部分话题的阅读量甚至超过数千万次。随着人们媒介素养的不断提高，对媒介的使用频率不断增加，人们逐渐深谙制造话题的技巧，媒介成为让议题进入公众视野的有效工具。

---

① 凯尔纳，贝斯特.后现代理论[M].张志斌，译.北京：中央编译出版社，2001:63.

2.参与评论

当一个话题进入公众视野后,就会不断衍生出媒介事件和网络意见领袖。无论是上海彩虹室内合唱团的《春节自救指南》,还是《我家那闺女》《女儿们的恋爱》的热播,都是在话题具有一定关注度后产生的结果。网络红人 papi 酱曾在 2016 年和 2017 年春节的视频中吐槽过年时最令人讨厌的亲戚提问,其中最令人反感的就是对婚恋问题的不断拷问,两则视频的累计转评数量近 50 万次。巨大的赛博空间为在现实中受到逼迫的群体提供了讨论场域,跟随着意见领袖的步伐,他们不断在媒介场域中发声。

3.日常吐槽

新媒体时代,伴随着文化盗猎和草根文化的诞生,网络成为人们展示自我与宣泄情绪的空间,成为反抗的产物,也成为反抗的工具。一方面,个体在朋友圈中吐槽父母的逼婚行为,抒发对此行为的不满情绪,是对父母所施加压力进行的反抗;另一方面,在本次问卷调查中,95%以上的受访者在吐槽时会选择屏蔽父母或设置分组可见,避免与父母产生正面冲突,这足以证明个体的反抗行为是具有一定边界的,个体只有在框定的空间内才会产生抵抗行为,这在一定程度上印证了福柯所阐述的“局部斗争”。

(二)现代生存美学

所谓的“现代生存美学”的核心是个人更加关注自我的感受,追求个人自由。在“中国式逼婚”中,个体逃离权力压迫的重要手段之一是出走。在我们采访刘瑞的过程中,刘瑞接到了父母的电话,在通话中父母再次提及相亲事宜,不堪其扰的刘瑞讲出了让人印象深刻的一段话:“相亲我可以去,但是我不会答应。你们如果一直这样逼我,明天我就回家收拾东西走。”两天后,刘瑞乘上了去往杭州的火车。同样的事情也曾发生在 34 岁的王金童身上,几年前由于不满父母安排的相亲,年没过完就早早去往了深圳。如今王金童与同事自由恋爱并走入婚姻的殿堂。

权力产生的规训作用于施压者与承压者双方，当一方逃离权力作用的场域，权力作用的过程就变得相对困难。被规训的对象以逃离权力中心的方式，为个人自由谋取更大的空间。在受访者的身上，我们看到了一个个能动鲜活的个体为争取自由宽松的环境而进行的自我实现和自我控制，人是具有能动性与主观意识的独立个体，可以实现自我约束、自我规范，当然也可以实现自我自由，这些“出走者”正在努力撕裂“所属物”的标签，创造现代生存的美学。

我们还需要关注的是，一些个体采取极端方式躲避“中国式逼婚”的做法并非现代生存美学的表现。2016 年，《凤凰资讯》报道一名 27 岁女子因被父母逼婚而选择跳楼，该女子在遗书中说“你们安排冥婚吧，我不会再反抗了”。人的生命终止，所有的反抗对于自己而言便毫无意义。现代生存美学教会我们的，不仅是要去反抗，更是如何更好地反抗。

三、权力规训与反抗的现实意义

（一）规训的现实意义

福柯对权力规训的立场是持批判态度的，我们对“中国式逼婚”中的权力规训也持批判态度，那么是否“规训”本身就是恶的代名词呢？其实不然。在现代社会，规训仍具有积极意义。一方面，规训是一种非制度性的规范方式，尽管法律对于个体行为具有强有力的约束作用，但社会中仍存在“法外之地”。在权力规训的过程中，所有个体都将被纳入“全景敞视监狱”之中，个体在检查的目光中规范自身行为，明确是非观念，实现人的自我约束，最终有利于社会的和谐稳定。另一方面，规训到来或早或晚，但权力一直存在于社会之中。当个体没有受到规训时，往往难以感知权力的存在，也无法对权力进行反抗。诺依曼将舆论描述为我们的社会皮肤，我们根据社会舆论调节自身行为，以便更好地与社会进行联结。这层皮肤如同穿在身上的外衣，在自我意识未曾苏醒的时候,我们无法感知到衣服在轻微的拉扯摩擦间产生的不适;当感知到这种不适时,人们会逐渐重新认识自己,重新拾起自我意识。因此,从某种程度上而言,规训是唤醒主体意识与追求精神自由的催化剂。就以上两方面而言,"规训是恶"这一观念不过是潜藏于个体意识之中的刻板印象罢了。

(二)反抗的现实意义

上述曾提及,个人并非逆来顺受的牵线木偶,而是具有反抗性的能动个体。反抗的意义在于反抗本身,反抗的最终目的不是反抗,而是为了自由。反抗的过程是察觉权力、了解社会的过程。我们并非处在一个完美的世界,在反抗的过程中,个体会更加深入地了解、思考所处的社会,发现社会的漏洞,察觉权力的存在,并不断填补漏洞,修正权力。反抗的过程还是自我认识、自我发现的过程,在反抗的过程中,主体意识不断被唤醒,人们更加追求精神自由,追求现代生存美学。福柯的反抗策略透露出西方社会内在的自我批判意识,告诫我们在面对社会问题时要进行细致入微的观察和审慎的思考。也许个人的反抗行为并不能在短期内彻底改变整个社会,但它终将成为改变社会的敲门砖。

"中国式逼婚"中存在的问题和引发的矛盾是其受到关注的主要原因,但"中国式逼婚"是否应该被看作一个社会问题呢?社会问题是指"社会现象得到了社会成员的关注,对社会产生负面影响,并需要社会合力才能够解决的问题"①。有文章指出,社会问题具有普遍性、特殊性、复杂性、反复性、潜伏性和破坏性等特征。② "中国式逼婚"是特定时期产生的社会现象,尽管其是多种因素共同作用的产物,也具有一定的负面影响,但随着社会的变迁,观念的进步,"中国式逼婚"是可以被解决、不再产生的现象。此外,其负面影响主要作

---

① 郑杭生.社会学概论新修[M].3版.北京:中国人民大学出版社,2003:16.

② 青连斌.社会问题的六大特点[J].理论前沿,2002(10):28-29.

用于代与代之间，而不至于危害社会，因此“中国式逼婚”属于社会现象，还不能被上升为社会问题。

社会是一个充斥着各种因素的场域，“中国式逼婚”现象的产生，正是这个场域中各种因素相互作用的结果。整个社会并非铁板一块，个体之间存在着经济差距、观念差距、知识差距、权力差距，正是这些差异的存在，使得个体之间存在着权力的压迫与反抗权力的斗争。假使不加思考，认为子女是“中国式逼婚”中唯一受到规训与惩罚的对象，是不正确的。没有人生活在社会之外的真空之中，在社会与父母规训子女的同时，父母也在接受着社会的规训与惩罚。因此，将该现象的产生完全归咎于父母是极其不公平的，他们不过是整个社会的缩影，隐藏在他们背后的，是一个时代的烙印。

本章在谈及权力的规训与惩罚时，也没有忽略个体对权力的反抗，哪怕这种反抗行为暂时无法赢得全社会的肯定与支持。也许经过长时间的努力，青年一代可以打破古老的知识话语结构，冲破权力的束缚，超越社会的惩罚，重塑一个真正包容、多元的社会，然而社会上的其他群体对于这个改变需要很长一段时间去适应。只有所有人都能清醒地认识、分析这个问题，不断地研究和反思，这个问题才能最终得以解决。

第五章　家暴问题:反家庭暴力报道媒介呈现研究

——以相关媒体微博为例

近年来,社会各界对家庭暴力问题的关注日益提升,许多恶性家庭暴力事件也频频曝光。家庭暴力不仅仅是"家事",更是严重的社会问题。在反家庭暴力的进程中,大众媒体承担着传达者、参与者和救助者的三重身份,发挥着重要作用,微博在互联网时代具有巨大的传播影响力。因此,本章采用内容分析和文本分析的研究方法,结合框架理论,以2013年至2017年"@人民日报""@新京报""@中国妇女报"微博中共294篇反家暴议题报道作为研究对象,探讨不同媒体微博反家暴议题的报道框架,反思存在的问题,以期有助于微博进一步发挥其在反家庭暴力进程中的积极作用。研究发现,不同的媒体微博根据自身的定位不同,采取了不同的报道框架;在报道内容方面,各媒体微博反家暴议题报道还存在着对反家暴救助体系的探讨较少和存在报道伦理问题等共性问题。

第一节 反家庭暴力议题呈现

一、反家庭暴力议题研究缘起

2017年,“至上励合成员刘洲成被妻子指控家暴”“LOL职业选手‘死亡宣告’直播中家暴女友”“杭州女高管年薪200万,被练散打老公家暴10年”等家暴相关新闻频出,引发网络热议,也引起笔者对反家暴议题的关注。

2018年3月15日,联合国妇女署发布《将承诺付诸行动:2030年可持续发展议程中的性别平等》报告。报告显示,在过去一年里,每5名50岁以下的妇女中就有1人遭受过来自亲密伴侣的身体或性暴力行为。全国妇联2011年公布的第三期中国妇女社会地位调查报告数据(10年调查一次)显示,我国2.7亿家庭中,24.7%存在家暴,其中90%的受害者为妇女、老人和儿童等弱者,也有男性受到家庭暴力。家庭是组成社会的基本细胞,家庭暴力不仅会给个人和家庭带来极大伤害,也必然会影响社会的稳定与发展。家庭暴力不是“私事”和“家丑”,而是严重的社会问题。

在中国几千年的文化中,“清官难断家务事”的观念根深蒂固,无疑将家庭暴力“合理化”并“合法化”了。直到1995年,第四次世界妇女大会在北京召开,反家庭暴力议题才在我国逐渐引起关注。经过多年讨论,《中华人民共和国反家庭暴力法》于2016年3月1日正式开始实施,各项配套措施也陆续出台,至此,我国结束了“没有禁止家庭暴力的专门法律”的时代。

然而要改变旧有的文化传统和社会认知,还需要全社会的共同参与。大众媒体作为社会的守望者,在反家庭暴力的进程中,发挥着重要的舆论监督功能。一方面以“传达者”的身份,将家庭暴力这一被认为是“私事”的社会问题暴露在大众视野下引发关注,在一定程度上帮助公众形成对家庭暴力问题客观、正确的认知;另一方面以“参与者”的身份整合反家暴力量,引导社会舆论,促进相关立法、社会救助体系的建立和完善;同时大众媒体还是“救助者”,通过普及求助方法并提高社会对家暴问题的重视,间接对受害者施以援手。[①]

网络媒体作为第四媒体,传播影响力巨大。据第41次《中国互联网络发展状况统计报告》,截至2017年12月,我国网民规模已达7.72亿,互联网普及率为55.8%,越来越多的人依靠网络信息传播渠道来获取各类资讯。在互联网时代,微博凭借其独特的传播优势,在公共事务和舆论导向上发挥着重要作用。截至2017年第三季度,微博月活跃用户达3.76亿。众多传统主流媒体也早就积极搭建起自己的官方微博平台,基于传统主流媒体本身的权威性,传统主流媒体官方微博在微博网络舆论场中仍然占据主导地位,起着意见领袖的作用,影响着受众的认知和态度。

基于如上背景,本章以不同传统主流媒体微博为研究对象,探究在微博环境下,媒体微博是如何报道反家庭暴力议题的,呈现出怎样的报道框架,报道还有哪些不足,并提出合理的优化建议,以期有助于微博进一步发挥在反家庭暴力进程中的积极作用。

二、家庭暴力的概念界定及研究现状

(一)家庭暴力概念界定

2016年3月1日起施行的《中华人民共和国反家庭暴力法》(以下简称《反家暴法》)中如此定义“家庭暴力”:家庭成员之间以殴打、捆绑、残害、限制人身自由以及经常性谩骂、恐吓等方式实施的身体、精神等侵害行为。同时,附则中强调:家庭成员以外共同生活的人之间实施的暴力行为,同样参照本法(《反家暴法》)规定执行。

---

① 陈晓燕,宁焕侠.对媒体中家暴事件报道的思考[J].新闻战线, 2016(6):107-108.

按照当事者的家庭角色划分，可将家庭暴力分为夫妻暴力（spousal abuse）、儿童虐待（child abuse）和老年虐待（elderly abuse）三种类型。①

（二）关于家庭暴力报道的文献综述

自1995年第四次世界妇女大会在北京召开以来，国内关于“家庭暴力”的研究逐渐增多，但研究多集中在法学和社会学领域。在新闻传播学领域，我们以“家庭暴力”“家暴”“家庭暴力报道”为关键词在中国知网和万方数据库进行检索，获得相关主题文献不足30篇。当前新闻传播领域“家庭暴力报道”研究文献主要可分为聚焦式研究、总结性研究和业务探讨类研究三类，研究方法多采用内容分析法和文本分析法。

1.聚焦式研究

在聚焦式研究中，最具代表性的便是围绕“李阳家暴门”②展开的多方位研究。以李阳家暴事件的相关文字报道为基础，部分研究者从社会性别视角出发，指出中国家庭暴力频频发生的根本原因是男女不平等的性别观念和现状（吴仙，2012；谭亚明，2012；吕频，2013），探讨反家暴议题报道中存在的将家暴“私领域化”、女性“失声”等问题（黄淑媛，2012），分析对女性“去权”和“赋权”的报道手法在媒体中的体现（冯媛，2013），探析大众媒体在报道家庭暴力议题时媒体对公众的议程设置（郭卓娅，2013）、媒体话语空间存在偏向（唐觐英，2012）等问题；也有研究者从新闻框架出发，归纳出新闻网站反家暴议题报道框架（胡艳，2013），论析新闻客观性（潘陈清，2012）。研究者王文雨还以电视新闻专题节目《看见》中的“柴静：专访‘李阳家暴’事件”为例，探讨公众、记者与采访对象之间的双重符号互动模式。

---

① 曹玉萍，张亚林，等.湖南省不同地区家庭暴力发生现况的比较[J].中国心理卫生杂志，2007(12):849-852.

② 2011年8月底，疯狂英语创始人李阳妻子李金（Kim）在微博上公开曝光李阳对她实施家庭暴力，并公布了数张照片为证，引发热议。

2.总结性研究

总结性研究不局限于研究某一家暴事件的相关报道,而是对某一时间周期内的反家庭暴力报道进行总结和分析。研究者多将纸媒有关家庭暴力的报道作为研究对象,以内容分析法为主,文本分析法为辅。主要研究成果包括《中华人民共和国婚姻法》修改案公布前后(2006 年 1—6 月)法制类报纸家庭暴力报道特点及变化研究(王凤仙,2002),梳理我国报纸媒体的家庭暴力议题建构(李静,2008),总结我国纸媒反家庭暴力议题的特征和未来发展趋势(庞明慧,2006;王虹茹,2015),分析新闻媒体议程在公共政策议程中的功效(王皓宇,2016)。

3.业务探讨类研究

这类研究多从对现有的反家暴议题报道进行反思的角度,讨论如何改进反家暴议题的报道方法。代表作品是中国法学会 2004 年的反家暴项目"运用媒体反对家庭暴力"分项目编订的《家庭暴力报道专业准则》,该书针对媒体反家暴议题报道中存在的一些问题,同时借鉴国外的同类资料,提出了媒体工作者的自律规范,以改进媒体对家庭暴力事件的报道,是家庭暴力报道研究的重要参考文献。

(三)理论分析工具——框架理论

"框架"的概念最早由人类学家贝特森系统阐释,其 1955 年的论文《关于戏剧与幻想的理论》认为,框架是一个有限定的、阐释性的语境。① 社会学家戈夫曼的《框架分析》一书首次将"框架"作为一个理论引入社会学中。戈夫曼将"框架"定义为人们用来认识和解释社会生活经验的一种认知结构。② 首次在传播学中应用框架概念的研究者吉特林认为,框架就是"关于存在着什么、

① 段善策.作为新闻的框架:从贝特森到梵・迪克[J].东南传播,2010(7):84-86.

② 杨璀璀,蒋忠波."框架"概念再辨析[J].新闻爱好者,2015(5):39-43.

发生了什么和有什么意义这些问题上进行选择、强调和表现时所使用的准则"①。

目前,框架分析出现在三个传播学研究领域当中:一是从新闻生产的角度来研究媒体框架如何被建构;二是从内容研究的角度来探讨媒体框架是什么;三是从效果研究的角度来分析受众如何接收和处理媒介信息,即受众框架。

三、反家庭暴力报道研究问题的提出

在前人研究的基础上,本章以不同性质的传统媒体微博反家暴议题报道为研究对象,回答以下几个问题:

(1)不同媒体微博在报道反家庭暴力议题时呈现出哪些特点和趋势?

(2)不同媒体微博反家庭暴力议题的报道框架是什么?

(3)媒体微博应当如何优化反家庭暴力议题的报道框架和报道方法?

梳理相关文献后发现,在新闻传播领域研究反家暴议题报道的相关成果中,研究传统媒体报道框架的比较常见,研究新媒体反家暴议题报道框架的相对较少。本章以三家不同性质的传统媒体微博中的反家暴议题报道为研究对象,通过量化的内容分析和质化的文本分析解读相结合的方式,总结出不同媒体微博反家暴议题的报道框架和特点,尝试找出当前反家暴议题报道中存在的问题,并提出合理的改进建议。本研究有助于进一步提升媒体微博反家暴议题报道的专业水准,发挥其在反家庭暴力进程中的积极作用,为今后媒体微博的新闻实践提供指导和借鉴,具有重要的实践意义与社会意义。

---

① 孙彩芹.框架理论发展35年文献综述:兼述内地框架理论发展11年的问题和建议[J].国际新闻界,2010(9):18-24,62.

第二节　主流媒体视域下的反家庭暴力议题

一、主流媒体反家庭暴力议题报道研究思路

本章采取内容分析法和文本分析法。内容分析法将用于描述研究对象的总体特征和趋势，文本分析法则用于深入阐释研究对象的具体内容。

（一）确定研究对象

1.代表媒体

本章选取的传统媒体微博分别是代表党报的《人民日报》官微、代表都市类报纸的《新京报》官微和代表女性报纸的《中国妇女报》官微。《人民日报》是中国共产党中央委员会机关报，是我国的第一大报。该报的宣传报道代表着国家主流媒体的观点与立场，具有权威性，其官方微博（@人民日报）在新浪媒体微博影响力榜单中位列第一。《新京报》是我国第一家获正式批准的跨地区经营的报纸，同时也是目前最有影响力的都市报纸之一，官方微博（@新京报）在新浪媒体微博影响力榜单中名列第五。《中国妇女报》是中华全国妇女联合会的机关报，同时也是目前我国唯一一份全国性的女性大报，其官方微博（@中国妇女报）每日阅读量超过100万。

2.研究日期

样本选取的时间段为2013年1月1日至2017年12月31日。选取这一时间段原因有二：一方面，新浪微博于2009年创立，至2012年12月底，新浪微博注册用户数超过5亿，成为领跑中国最大的社交圈，具有足够大的影响力；另一方面，2014年11月25日国务院法制办公室公布了《中华人民共和国反家暴法（征求意见稿）》，2016年3月1日起正式施行，这一时间段包含了两

个重要时间节点，可考察《反家暴法》出台前后的报道内容，故选取这一时间段。

3.样本界定

经过以上两个步骤，最终确定的研究对象为2013年1月1日至2017年12月31日期间，《人民日报》官微(@人民日报)、《新京报》官微(@新京报)和《中国妇女报》官微(@中国妇女报)所有与反家庭暴力议题相关的报道。以"家庭暴力""家暴"为关键词在这三家官微主页进行搜索，分别获得有效样本25篇(@人民日报)、68篇(@新京报)、201篇(@中国妇女报)，共计294篇。

考虑到微博平台发布的内容既包括文字，也包括视频、图片、网络链接等，研究样本主要以微博中的文字为分析内容，其他的内容作为补充参考资料；对于微博转发的情况，若内容相同的计为同一条微博，若不是同一事件且出现新的报道内容，则计为不同的微博。

(二)类目建构

根据微博的媒介特点和本章所要研究的问题，参考已有的类目建构成果，我们特建立七类主要分析类目。另外，根据不同主题报道的特点，针对家暴个案报道再增设若干子类目。类目表如下：

1.官微名称：(1)@人民日报　(2)@新京报　(3)@中国妇女报

2.报道日期：__________(年/月/日)

3.报道形式

(1)文字　(2)文字＋图片　(3)文字＋视频　(4)文字＋链接

(5)文字＋链接＋图片

4.报道主题

(1)家暴个案报道：报道包括家庭暴力事件及事件中的当事人

(2)社会救助体系：包括对各类社会救助措施的呼吁、讨论，及其具体实施情况的报道

(3)反家暴知识与行动:普及家庭暴力的相关知识,如家庭暴力的内涵、原因与数据等;行动包括围绕反家暴展开的各类社会行动

(4)法治化进程:对与反家庭暴力相关法律政策的宣传、解读、探讨和呼吁

(5)国外家庭暴力报道:国外家庭暴力相关数据、政策和救助体系介绍

(6)其他

5.消息来源

(1)家庭暴力事件当事人及其亲友

(2)专家律师

(3)记者和媒体

(4)官方机构和人员(公检法系统及其人员)

(5)各级妇联组织和工作人员

(6)模糊来源

6.态度倾向

具体在反家暴议题报道中的态度倾向,根据新闻工作者对家庭暴力受害者所持的态度和立场划分为:

(1)正面倾向:对家庭暴力受害者持有同情、心疼、怜悯、关怀的态度或者立场;出现反对传统观念、行动呼吁、鼓励鼓舞等内容

(2)中立倾向:不带有明显的正面倾向和负面倾向的报道,或是在同一则报道中同时出现对家庭暴力受害者的批判与同情,这两类报道都归为此类

(3)负面倾向:对家庭暴力受害者持有否定、批评、歧视、厌恶的态度或立场,并在客观上损害了受害者原本在受众心中处于弱势地位、值得同情或怜悯的形象

7.施暴原因呈现

(1)个案层面:仅呈现出家暴个案的施暴原因,如施暴者的个人问题(酗酒、吸毒、有精神疾病等)、家庭情感、经济纠纷等,未在社会和文化层面讨论

(2)社会层面：在社会和文化层面，呈现出家暴事件发生的环境，包括社会背景、文化观念等

(3)综合归因：兼有以上两者的影响

(4)未进行归因

以下类目仅针对主题为“家暴个案”的报道：

8.施暴类型

(1)夫妻暴力　(2)儿童虐待　(3)老年虐待

9.受害者家庭身份

(1)妻子　(2)丈夫　(3)子女　(4)父母

10.施暴者家庭身份

(1)妻子　(2)丈夫　(3)子女　(4)父母

11.受害程度(依照《人体损伤程度鉴定标准》中的定义)

(1)遭受精神暴力，身体未受物理伤害

(2)致轻伤：使人肢体或者容貌损害，听觉、视觉或者其他器官功能部分障碍或者其他对于人身健康有中度伤害的损伤

(3)致重伤：使人肢体残废、毁人容貌、丧失听觉、丧失视觉、丧失其他器官功能，其他对人身健康有重大伤害的损伤

(4)致死

12.报道中是否已经出现社会机构(公检法司)干预行动？

(1)是　(2)否

13.报道中是否给家暴受害者提供了面对家庭暴力如何求助的内容？

(1)是　(2)否

(三)信度检验

由于人力有限，本章的编码由笔者独立完成，并采取“再测信度”的方法进行信度检验。在第一次编码结束后，经过一个星期的间隔期，按照15%的比

例，利用 Excel 数据分析工具，对三家媒体微博的反家暴议题报道内容进行分层随机抽样，共抽取 44 篇报道，由笔者再次进行编码。

本研究借由 SPSS 软件中的 Cohen's Kappa 指数①计算信度，每个变量所获得的信度水平如表 5-1 所示：

表 5-1　编码员间信度水平

变量	Cohen's Kappa 值
报道形式	1.000
报道主题	0.811
消息来源	0.928
态度倾向	0.836
施暴原因呈现	0.821

二、主流媒体反家庭暴力议题报道呈现

（一）《中国妇女报》微博最关注反家庭暴力

媒体对于某一新闻议题的重视程度，可以从报道数量上看出，这也是其最直观的表现。对于相关议题越重视，围绕这一议题所进行的报道也就越多。2013—2017 年，@人民日报、@新京报、@中国妇女报三家主流媒体官方微博全年反家暴议题报道共计 294 篇。三家媒体微博各自报道篇数及百分比见图 5-1 所示。

在这三家媒体微博中，@中国妇女报在数量上拥有绝对优势，五年间共发布 201 篇反家暴议题报道，占样本总量的 68%，@新京报和@人民日报分别占 23%和 9%。@中国妇女报对反家暴议题如此关注是与它自身的定位分不开的。《中国妇女报》由全国妇联主办，是全国唯一的一份全国性的女性大报，其

① Kappa 指数是衡量一致性的一种常用统计方向。一般而言，Kappa<0.4 表明一致性极差，0.4<Kappa<0.6 表明一致性一般，0.6<Kappa<0.8 表明一致性较高，Kappa>0.8 表明有很好的一致性。

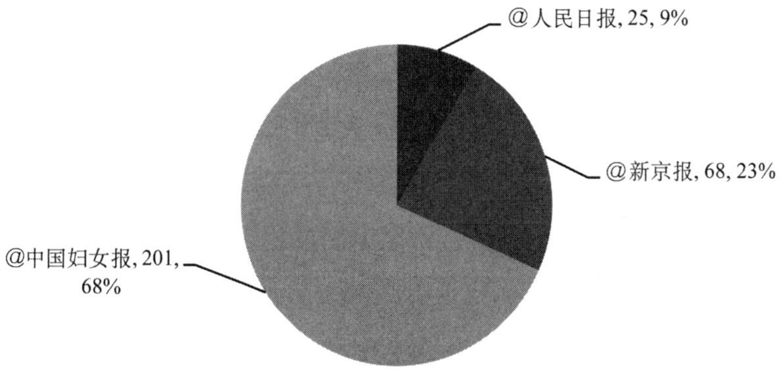

图 5-1　三家媒体微博报道数量比较

宗旨就是促进妇女进步、发展与解放,同时关注现实生活中各种与妇女有关的新闻事件和社会问题。而家庭暴力事件中,90%的受害者都是妇女、老人和儿童等弱者,这使反家庭暴力议题必然成为《中国妇女报》官方微博@中国妇女报重点关注的问题。@新京报以 68 篇的报道量紧随其后,但对反家暴议题的关注远不及@中国妇女报。@人民日报反家暴议题报道的数量相对较少。

从时间上来看,@人民日报、@新京报、@中国妇女报三家媒体微博 2013—2017 年反家暴议题报道数量变化见图 5-2。

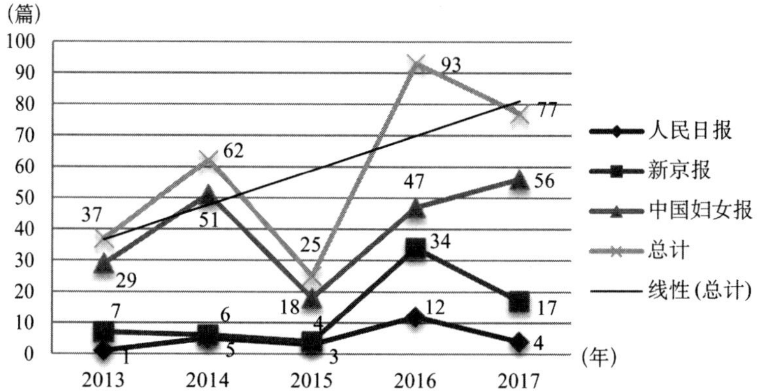

图 5-2　三家媒体微博报道数量随年份变化比较

三家媒体微博反家暴议题报道数量变化趋势较为一致,在2014年和2016年都有显著增多,2015年报道总量最少,仅为25篇,2016年以93篇的报道总量创五年最高纪录,总体有逐年增多的趋势。反家暴议题报道数量的提升与政府对反家暴议题的关注密不可分。2014年11月,国务院法制办公室公布了《中华人民共和国反家暴法(征求意见稿)》,这意味着我国《反家暴法》进入最终阶段。2016年3月1日,《反家暴法》正式施行。在这两个反家暴法治进程的重要时间节点上,各媒体微博围绕《反家暴法》进行了诸多宣传、解读和讨论。除此之外,2014年和2016年分别发生了"南京杀妻案""黄奕遭家暴事件""女子遭家暴割鼻""内蒙古女记者被家暴致死"等有着重大恶劣影响的家庭暴力事件,媒体围绕这些事件展开了诸多探讨。

(二)家暴个案相关报道最多

据统计,@新京报和@中国妇女报排在首位的内容都为家暴个案报道(数量分别为47篇和81篇),反家暴知识与行动(数量分别为9篇和53篇)和法治化进程(数量分别为6篇和37篇)报道数量位列二、三位,而@人民日报排在前两位的内容分别为法治化进程(11篇)和反家暴知识与行动(7篇),见图5-3。这种报道主题数量的差异是由其母媒体的性质决定的。《人民日报》作为综合性的中央党报,每一篇微博报道都代表着官方的权威声音,官微面对的是身份更加复杂、多元的受众,因此在报道时会更加谨慎。在反家暴议题报道上,它试图从宏观的角度出发,着重对现有的法律政策进行宣传,对反家暴相关知识和误区进行普及或厘清,但忽视了探讨家暴个案的价值。《新京报》作为都市类报纸,官微着重对家庭暴力个案进行及时、全面的报道,但在反家暴的法治化进程和反家暴知识的普及方面有所欠缺。《中国妇女报》作为反家暴议题报道的主力军,官微在报道主题上更加多元和全面,是当前媒体微博中做得最好的,也是三家媒体微博中唯一对社会救助体系讨论给予合理关注的官微。

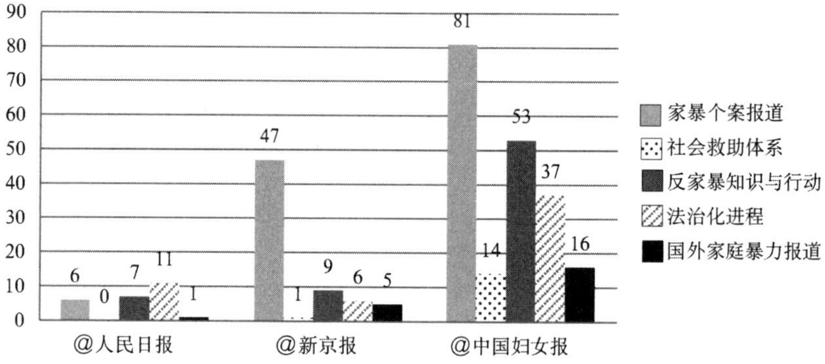

图 5-3　三家媒体微博报道主题分布(单位:篇)

(三)多元化报道形式占主流

对三家媒体微博的报道形式进行统计分析,发现"文字+链接+图片"(48%)或"文字+图片"(33%)的组合使用较多,图片的使用率达 81%,几乎没有仅使用文字的报道,见图 5-4。这种多元组合的报道形式是基于微博多媒体化的传播渠道发展起来的。每篇微博 140 字的字数限制使得在一篇微博内完

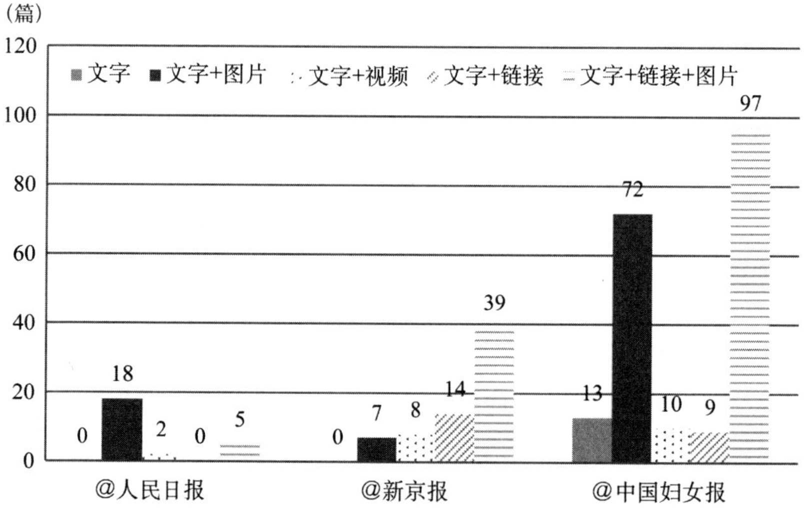

图 5-4　三家媒体微博报道形式对比

整呈现一个新闻事件的难度大大提高,而链接和图片则可补充微博文本未能表达完全的信息,丰富报道信息量。同时,众所周知的是,在微博这种碎片化的阅读形式中,人们不断寻求更快、更直接的刺激,照片、漫画等图片作为一种可以在短时间内刺激读者眼球,激发读者阅读欲望的表达形式,自然成为媒体微博报道中不可缺少的组成部分。

(四)官方机构和媒体成为主要消息源

据统计观察,@人民日报、@新京报、@中国妇女报三家媒体微博反家庭暴力报道的信息来源比例具有较高一致性(见图 5-5),因此此处从总体的消息来源展开分析。

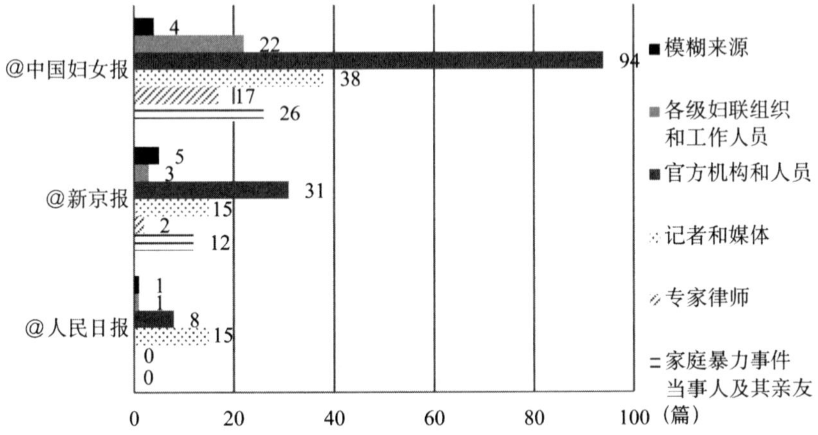

图 5-5　三家媒体微博消息来源分布对比

官方机构和人员(45%)、记者和媒体(23%)是媒体微博反家暴议题报道最主要的信息来源,以各级妇联组织和工作人员以及专家律师作为消息来源的报道分别占 9%和 7%,以家庭暴力事件当事人及其亲友作为直接消息来源的报道仅占 13%,见图 5-6。"官方机构和人员"主要指全国人大、政府部门和公检法系统,他们是反家暴法律政策的制定者和执行者,主要提供家庭暴力相关案件的信息公示和反家庭暴力相关法律政策解读,信息来源具有较强权威性；记者和媒体是新闻报道的生产者，他们主动去发现并报道反家庭暴力相关议题，也是主要的消息来源之一；各级妇联组织和工作人员以及专家律师是反家庭暴力领域的专业人士，他们能从专业角度思考，并给出有效的建议，观点具有代表性。以上几类消息来源都具有较强的权威性，有较高的可信性，但多为单一的信息灌输，难以与受众产生共鸣，传播效果不佳。家庭暴力事件当事人及其亲友最有资格对立法和救助体系提出意见，且他们的讲述能够更好地还原事件，拉近与受众的距离，但当前家庭暴力事件当事人及其亲友作为消息来源的报道比例(13%)相对较低，这与家庭暴力自身的隐蔽性和目前许多当事人长期存有的“家丑不可外扬”“家暴是别人的家事”等观念紧密相连。

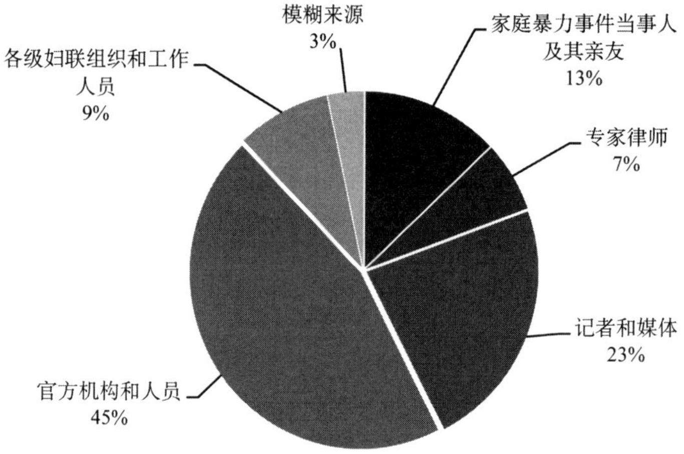

图 5-6 三家媒体微博总体消息来源分布

(五)“反家庭暴力”议题正面态度居多

如图 5-7 所示，@人民日报和@中国妇女报微博关于反家暴议题的报道态度大都表现出正面倾向(占比分别为 80%和 83%)，少量报道为中立倾向。如类目建构时所定义的，这里的正面倾向指的是对家庭暴力受害者持有同情、心疼、怜悯、关怀的态度或者立场；出现反对传统观念、行动呼吁、鼓励鼓舞等内容。从报道主题类目中可发现,@人民日报微博报道主题着重对当前反家暴相关法律政策进行宣传,对反家暴相关知识和误区进行普及,因此经常出现反对传统观念与呼吁受害者拿起法律武器的内容。@中国妇女报报道主题全面,但作为女性报纸,当家庭暴力的受害者多为妇女儿童时,@中国妇女报自然会更多地站在受害者角度,关心受害者的合法权益,并呼吁受害者保护自身的合法利益。而@新京报反家暴议题报道主题中以家暴个案报道为主(60%),在报道具体事件时,@新京报倾向于客观陈述相关事实,较少发表评论和呼吁。但@新京报在呈现具体事实时也出现了为搏眼球而故意夸大冲突,标题与事实不符的情况,如题目为《去谁家过年谈不拢,新婚妻子提离婚》的报道中,事实上妻子提出离婚的原因是遭受严重家暴,报道重点却放在家暴前的争吵内容,且呈现出法院不支持妻子的离婚请求的结果,给人以妻子在无理取闹的感觉,客观上损害了受害者的形象。

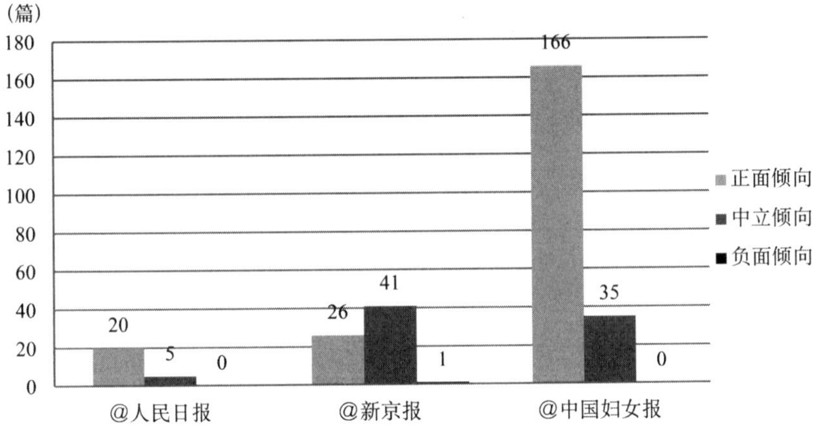

图 5-7　三家媒体微博态度倾向对比

(六)施暴原因探析较少

由图 5-8 可知,三家媒体微博的反家暴议题报道较少对家庭暴力的原因进行探讨,294 篇报道中有 214 篇报道未对家庭暴力进行归因,占总量的

73%，在个案层面进行归因的报道占总量的17%，在社会层面进行归因或者结合个案与社会进行的综合归因仅占总量的10%。事实上，个案层面上的原因是促使家庭暴力发生的重要因素，而封建传统文化的包容、“清官难断家务事”语境下社会的纵容，以及受虐者在传统文化观念影响下对家暴的宽容等社会层面的原因则为家庭暴力提供了长期生存的土壤，这些都是家庭暴力的强化因素。但当前反家暴议题报道极少对家庭暴力进行归因，偶有家暴事件归因也止步于家暴的促发因素分析，如酗酒、吸毒、家庭经济纠纷等，未对家庭暴力成因进行深入探讨，也未批判当前社会中存在的封建思想和糟粕文化。这种不归因和在个案层面进行归因的报道方法，不能为破除“家暴合理”的思想起到积极作用，也不能为寻找家庭暴力解决方法和救助机制提供讨论的基础，未能充分发挥大众媒体作为舆论监督机构揭露假恶丑，维护社会公正，促进社会发展的功能。

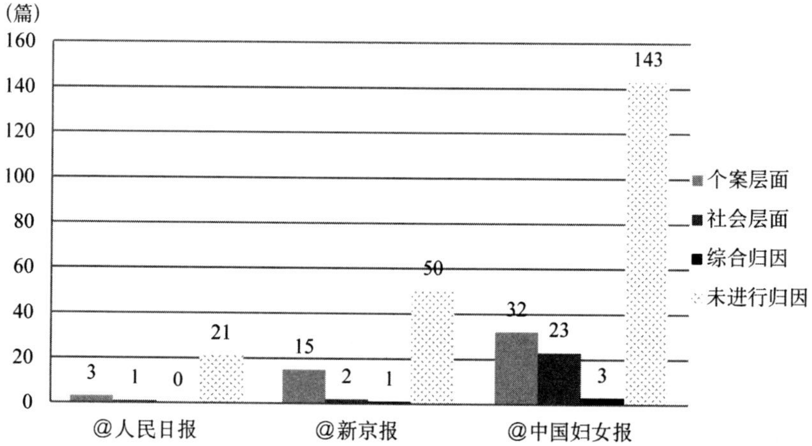

图 5-8　三家媒体微博施暴原因呈现

第三节 反家庭暴力议题报道总结与反思

一、不同媒体微博的报道框架存在差异

报道框架是生产和建构新闻的重要方式,报道框架虽不能决定受众对事件的看法,但可以决定媒体传递给受众的内容和倾向,不同媒体有着不同的定位与特点。基于上一节的内容分析,结合质化的文本分析,我们总结归纳了三家媒体微博呈现的反家暴议题报道框架,具体讨论如下。

(一)@人民日报——以“普法宣传”为主导的政治宣传框架

@人民日报是《人民日报》的官方微博,作为中央级的官方主流媒体,其报道呈现出浓厚的政治宣传色彩。总体而言,它呈现出以“普法宣传”为主导的政治宣传框架。

首先,在报道主题上,@人民日报以反家暴知识与行动和法治化进程的报道为主(72%),占比是其他两家媒体微博相关主题报道的2—3倍。且反家暴法治化进程的报道重点在于对当前现有法律制度的宣传,并未见对相关法制缺陷进行讨论和呼吁。每年的11月25日即“国际消除对妇女的暴力日”是其进行普法宣传的重要时机,@人民日报连续五年都在当天发布了反家暴知识相关微博,并进行了两到三次转发以强调其重要性。其次,从消息来源上看,@人民日报从未采用家暴当事人及其亲友或某些专家律师的信源,而是以官方机构和妇联作为主要消息来源,来自政法系统的权威性消息来源占绝对地位,消息来源偏向非常明显。最后,@人民日报的态度倾向非常鲜明,如《今天,为她发条微博:对妇女暴力说不!》《人民微评:还搞三从四德那套,什么鬼?》等正面倾向报道占绝对优势(80%),只有极少数报道表现出中立倾向(5%)。

综上,@人民日报相对于其他两家媒体微博,紧紧围绕反家暴知识与行动和法治化进程,展开了多方位的科普和宣传,以正面报道为主,建构出政法机关对家庭暴力现象保持关注,对家庭暴力受害者怀有诚挚关切,且有能力解决好这一问题的良好政府形象,呈现出以“普法宣传”为主导的政治宣传框架。

(二)@新京报——以“个案呈现”为主导的客观事实框架

@新京报作为都市类报纸《新京报》的官方微博,提高市场占有率,培养、扩大自己的读者群是它的第一要务。因此,与@人民日报普及法律政策、家暴知识理论相比,它更注重对能引起读者阅读兴趣的家暴个案进行报道,呈现出以“个案呈现”为主导的客观事实框架。

首先,在报道主题上,@新京报对家庭暴力个案的报道所占比例(69%)远高于其他两个媒体微博(@人民日报为28%;@中国妇女报为40%),对反家暴知识与行动(13%)和法治化进程(9%)的报道较少。其次,从态度倾向上看,@新京报是三家媒体微博中唯一一个以“中立倾向”为主的媒体。它所报道的家庭暴力个案,如《孕妻被家暴大出血流产,起诉离婚却遭亲生母亲以死相逼》《女子遭家暴身亡,全身是血印入院前已无心跳》等报道都对事件过程进行了详细描述,力求客观呈现出每一个家暴事件的具体情境。这些报道能够吸引读者的阅读兴趣,切实感受到家庭暴力的恐怖,但这样的报道方式也让它陷入了报道伦理的争议中。除此之外,@新京报还以认真、客观的视角关注到“施暴者”的困境,2016年12月29日的“拯救施暴者”系列报道打破了以往的谴责施暴者的常规报道,呼吁对施暴者进行社会援助,展现出其客观的新闻视角。最后,在@新京报47篇家暴个案报道中,向受害者提供求助方法和建议的仅有11篇(23%),多数报道只呈现出家庭暴力事件发生的具体过程,在介绍救助信息方面存在较大欠缺。

综上,@新京报相较于其他两个媒体微博,缺乏对反家暴相关法律法规的普及和对社会救助体系的探讨,呈现出以“个案呈现”为主的客观事实报道框架。

(三)@中国妇女报——以“呼吁和救助”为主导的解决问题框架

@中国妇女报延续其母媒体《中国妇女报》作为全国妇联的机关报的报道使命,对反家暴议题进行了全面而长期的报道,呼吁改进我国反家暴救助机制,给受害者提供求助、救助方法,试图在宏观的社会层面和微观的个案层面都能够维护受害者的个人利益,呈现出以“呼吁和救助”为主的解决问题框架。

一方面,在报道主题上,@中国妇女报对反家暴议题的各个报道主题都有较高的关注度,报道的内容非常全面。在宏观的社会层面,只有@中国妇女报对社会救助体系的发展和缺陷(8%)给予了合理关注,和反家暴相关法治化进程的探讨(7%)比例相当,还有对国外家庭暴力现状和制度的展现(8%),积极发挥着“传达者”和“参与者”的角色作用,呼吁反对家庭暴力;在微观的个案层面,@中国妇女报多篇个案报道不局限于案件呈现和向受害者提供建议,而是邀请相关专家、律师探讨类似家庭暴力案件处理过程中存在的难题,例如“警察处理家暴案件的操作流程不清楚”“实际诉讼中举证难问题”“后续心理援助乏力”“缺乏有效的救助体系”等问题,积极寻求解决方法,虽然这类报道数量相对还较少,但与其他两家媒体微博仅止步于呈现案件和向受害者提供建议相比已有较大进步。另一方面,在消息来源上,@中国妇女报采取了更加丰富的信源,探讨当前制度盲点和法律漏洞的“解决方法”的专家律师在三家媒体微博报道消息来源中比例最高(8%)。

与其他两个媒体微博相比,@中国妇女报没有停留在家暴的事件表面,而是不断深入,尝试寻找解决家庭暴力这一社会问题的最佳方法,不仅实现对已有受害者的救助,而且还试图提出预防的机制,呈现出以“呼吁和救助”为主导的解决问题框架。

二、媒体微博反家庭暴力议题报道反思

微博作为探讨公共事务的一个重要平台,具有强大的传播影响力,媒体微博更是扮演着舆论领袖的作用。基于以上对@人民日报、@新京报和@中国妇女报官方微博反家暴议题报道的研究,我们发现媒体微博反家暴议题报道主要存在以下两大问题:

(一)对救助体系的探讨较少

一方面,从报道内容的主题上看,在几类家庭暴力报道议题中,以"社会救助体系"为报道主题的报道数量最少,仅占总量的5%,且几乎全部为@中国妇女报对于妇联开设的家庭暴力庇护所的介绍;在"法治化进程"的报道中,三家媒体微博都以现有政策法律宣传为主,极少指出当前反家暴相关法律体系和救助体系存在着诸多操作上的难题。另一方面,在家暴个案报道中,多数报道呈现出家暴后"创可贴式"的处理方式,即发生家暴后警察、法院等机构介入,但极少探索如何从源头处预防家庭暴力和家庭暴力发生后的长期救助及监控方法,且还呈现出社会救助机构干预无效的结果。如《女子遭家暴身亡,全身是血印入院前已无心跳》报道中,明确指出受害者曾多次遭受家暴并报警,但仅得到一张"保证书"而无任何对施暴者的救助和处理措施,最终受害者因家暴而死亡;《丈夫创业失败欠债15万,妻子搬砖还债却遭家暴》报道中,法院在明确家暴事实后,认为家暴原因是丈夫创业失败的阴影,继而发动亲戚朋友劝服妻子重归于好。这类受害者遭受家暴后报警或者向法院上诉未能得到理想结果的报道屡见不鲜,但媒体微博相关报道却鲜见对当前这种救助体系漏洞的探讨,家庭暴力受害者难免会有无助、绝望之感。在反家暴进程中,媒体微博不仅需要承担"传达者"的责任,更需要作为"参与者"和"救助者"为公众设置议程,积极探讨当前反家暴法制与社会救助体系存在的漏洞并不断改进,但当前相关讨论过少,难以与政策形成良好的互动。

(二)存在报道伦理问题

反家暴议题报道是新闻报道的一个重要领域,但也涉及诸多报道伦理,当前媒体微博反家暴议题报道还存在诸多问题。首先,在家暴个案的报道上,当前媒体微博过于关注家暴事件本身的残暴,停留在客观呈现"案件发生过程"和"案件处理结果"上,却忽略了"家暴为何发生"和"未来如何预防家暴发生"的问题,如@新京报的《她被丈夫咬掉鼻子,3个孩子目睹全程》《妻子因丈夫家暴欲离婚,被对方泼汽油烧伤致死》等报道,不仅利用血腥标题吸引读者眼球,还在文中着重描写了家暴的恐怖施暴细节,却并未对受害者提出有效的建议,也未见对救助体系有任何的探讨,单单呈现出家暴过程和惨烈结果,不仅对事件中受害者的心理造成二次伤害,也给其他读者一种"绝望"与"压迫"的感受,不符合新闻伦理中"最小伤害"原则。其次,在对家暴问题的归因上,73%的报道未能进行归因,在个案层面进行归因的报道占总量的17%,只有10%的报道涉及家暴事件背后长期的"性别不平等"现状,没有揭示出家庭中针对妇女(包括女童)的暴力是迫使妇女处于从属地位的重要机制之一,[①]新闻工作者对家庭暴力认识的不足妨碍了报道的客观和深入。

家庭暴力不仅是私事,更是严重的社会问题。随着社会各界对反家庭暴力议题的关注日益提升,大众媒体在反家暴进程中也扮演着重要角色,媒体微博更是发挥着不可替代的独特作用。本章选取2013—2017年,@人民日报、@新京报和@中国妇女报微博中共294篇反家暴议题报道作为研究对象,采用内容分析法和文本分析法对其进行系统梳理,归纳出不同媒体微博反家暴议题的报道特点和框架,并反思当前媒体微博反家暴议题报道存在的问题。

研究结果显示,@中国妇女报微博是反家暴议题报道的主力军,随着反家

① 冯媛.媒体工作者培训手册[M].北京:中国社会科学出版社,2004:127-151.

暴法治化进程的进步，各媒体微博对反家暴议题报道的关注也随之增强。当前反家暴议题报道主要以反家暴个案报道（46%）和反家暴知识与行动（23%）为主，官方机构和人员（45%）、记者和媒体（23%）是媒体微博反家暴议题报道最主要的信息来源，“文字＋链接＋图片”（48%）或“文字＋图片”（33%）的报道形式使用较多，媒体微博通常采取关怀受害者的正面倾向（72%），但缺少对家庭暴力原因的探析（73%）。

不同的媒体微博根据自身的定位不同，采取了不同的报道框架。@人民日报采取了以“普法宣传”为主导的政治宣传框架，@新京报运用以“个案呈现”为主导的客观事实框架，@中国妇女报则以“呼吁和救助”为主导的解决问题框架。在报道内容方面，各媒体微博反家暴议题报道存在着对反家暴救助体系探讨较少和存在报道伦理问题等共性问题。

本章的研究存在一定的局限与不足。如缺少对受众的调查，未能建立起反家暴议题的受众框架以探讨媒体框架和受众框架的互动。

第六章　刻板印象:主流媒体电竞报道中的女性媒介形象

——以“人民网”为例

当今社会又被称为信息化社会,电子竞技(以下简称“电竞”)是信息化社会的一种全新体育项目。电竞行业作为一种以电子竞技体育项目为核心的综合性产业正在飞速发展,女性电竞从业人员的地位和作用正受到越来越多的关注。

根据拉扎斯菲尔德和默顿的媒介功能理论,主流媒体所具有的“社会地位赋予功能”,能够在很大程度上影响电竞选手在社会大众心目中的形象建构。本章为探寻主流媒体电竞报道对女性媒介形象的建构,将以“人民网”为研究平台,集中研究近年来“人民网”发布的关于女性电竞从业人员的相关报道,力图从中找到其建构女性媒介形象的特点,并对女性媒介形象特点进行进一步分析,探究其背后的成因及存在的问题。

第一节 电竞产业与性别意识

一、电竞产业的发展与作用

电竞在我国兴起的时间不长，由网络游戏发展而来，正式成为一项体育竞技项目的时间是2003年11月18日，国家体育总局于当天正式批准，将“电子竞技”列为我国的第九十九个正式体育竞赛项目。次年，即2004年，又被称作电竞发展的“元年”。当年，以WCG① 和ESWC② 为代表的多项国际电竞赛事正式在中国亮相。同年，我国正式组建了首支电竞国家队，代表中国参与多场国际电子竞技赛事。2008年，国家体育总局对我国体育项目进行重新划分，电子竞技再次被列为体育项目体系中的第七十八类运动项目。③

据伽马数据发布的《2018电子竞技产业报告(赛事篇)》，中国电竞产业处于高速发展期，2017年市场规模达到770亿元，2018年突破880亿元。相较于国家对电竞作为体育项目承认度和规范程度的缓慢提升，电竞在商业领域和娱乐领域则呈现出飞速发展的态势。在社会大众领域，电子游戏种类不断丰富、游戏内容不断完善和创新，吸引了越来越多的游戏爱好者。在数以千万计的游戏爱好者中，又有小部分佼佼者从单纯的游戏娱乐发展到专业的电竞领域，甚至将电竞作为自己的职业。而在专业领域，大量电竞俱乐部不断成立

---

① 世界电子竞技大赛(World Cyber Games, WCG)，创立于2000年，结束于2013年，是一个全球性的电子竞技赛事(或“电脑游戏文化节”)，被称为“电子竞技奥运会”。该项赛事由韩国国际电子营销公司(Internation Cyber Marketing, ICM)主办，并由三星和微软(自2006年起)提供赞助。

② 电子竞技世界杯(Electronic Sport World Cup, ESWC)，是由包括中国在内的11个理事国发起、超过60个合作伙伴的国际文化活动。它起源于法国，前身为欧洲传统电子竞技赛事“Lan Arena”。它与CPL和WCG一道，并称为当今世界三大电子竞技赛事。

③ 郭铮.中国电子竞技体育产业现状及其发展策略研究[D].西安:西安体育学院，2014.

和发展，吸纳的专业从事电竞的选手和工作人员日益增多，我国整体的电竞平均水平也呈现出稳步提升的趋势。

近几年来，随着多媒体技术的不断发展和应用，电竞领域也相应地呈现出新的特点和发展方向。电竞赛事的多媒体体系逐渐建立和完善，专业的电竞电视频道和网络直播平台纷纷出现，赛事直播和转播体系呈现出系统化和多元化并重的发展趋势。以特定的电竞项目为中心的产业链条建立起来，网络直播平台开辟出特定的电竞版块供主播和游戏爱好者进行直播或观看；各大电竞俱乐部以旗下电竞战队选手为中心，不定期举行训练直播活动，或者推出战队周边产品，供战队粉丝消费，创造出具有电竞特色的粉丝经济模式。

电竞运动的飞速发展导致其辐射群体不断扩散，社会影响力不断增强，所以媒体对电竞的关注程度也与日俱增。在相当长的一段时间内，网络媒体和专业性电竞刊物对电子竞技项目的关注和报道较多，近年来，尤其是在电竞产业进入飞速发展阶段后，我国的主流媒体对电竞项目发展状况的关注程度也大大提高。电竞选手作为电竞赛事的核心人物，越来越多地出现在主流媒体的视线中。

二、电竞产业中的性别意识

当下，女性的平权意识不断发展和扩散，各行各业都开始关注女性在行业中的地位和现状，电竞领域也不例外。在电竞领域主要表现在，男性电竞选手占据绝大部分，对社会大众来说，更是鲜有对女性电竞从业人员的认识。但从事实上分析，电竞领域现在已经有不少项目开设了专业的女子电竞赛事，女性形象也越来越频繁地出现在媒体的报道中，女性电竞选手开始走入大众视野。在电竞产业中，女性所担任的角色除了电竞选手以外，还有形象代言人、游戏推广大使、主播和其他普通工作人员等。在主流媒体对电竞的报道中，女性的媒介形象是如何塑造的，是本章所要探究的问题。

为探寻主流媒体电竞报道对女性媒介形象的建构，本章以“人民网”为研究平台，集中研究近年来“人民网”发布的关于女性电竞从业人员的相关报道，力图从中找到其建构女性媒介形象的特点，并对建构出的女性媒介形象特点进行进一步分析，探究其背后的成因及存在的问题，从而聚焦电竞领域中的女性形象，了解主流媒体电竞相关报道对电竞从业女性媒介形象的塑造，力图弄清在现今的电竞领域中女性的地位与作用，性别平等意识是否有效地贯穿整个电竞行业。

三、文献综述与研究方法

（一）文献综述

1.国内电竞产业及其影响相关研究

因为电竞在国内发展的时间较短，所以专门针对电竞本身的基础性研究还比较少，大部分研究都是与整个电竞背后的产业联系在一起进行研究的。

21世纪的第一个十年，电竞产业初步发展，国内相关研究首先聚焦最直观的电竞国际赛事及赛事参与人员。胡健(2004)最先将电竞运动与当下的数字体育背景结合起来进行研究，认为在全新的数字条件下电竞运动最鲜明的特点是多元化。张恩铭通过问卷调查和疼痛量表测试等方法，对国内100多名电竞职业选手进行了详细的采访和调查。这些职业选手都代表中国参与了2007年的GOC和ESWC国际电竞比赛，张恩铭发表的研究结果详细展示了这100多名电竞职业选手在训练和生活中的众多细节，并且与疼痛量表测试出的职业病症程度结果相结合，绘制了当年国内电竞选手大致的职业生活图景，对于社会大众了解职业电竞选手这一新兴职业有较大助力。①

① 张恩铭.我国高水平电子竞技运动员骨骼肌肉损伤及相关因素分析[D].北京：北京体育大学，2008.

21世纪进入第二个十年后,电竞产业发展突飞猛进,学界相关学者开始更多地将研究重点放在电竞产业的整体发展情况上。阳骏滢、黄海燕和张林(2014)指出,在当下,我国的电竞产业所面临的最严峻的挑战是以"创新"为核心的诸多问题。电竞最初兴起于国外,传入我国后,我国的确已经在产业规模、赢利数额等方面走在了世界前列,但从根本上来说,我国的电竞产业中几乎不存在自主研发的产品,自主知识产权保护亦是空白。除此之外,电竞产业的发展需要强大的资本支撑,导致电竞产业的准入门槛较高,市场垄断情况比较严重。针对这些问题,阳骏滢等人也提出了一些可能的解决措施,如鼓励电竞产业以技术与人才为依托,加强自主开发力度;政府提供资金支持,出台政策放宽市场准入;推动电竞周边产业发展,向多元化赢利模式靠近。

在我国相当一部分人眼中,电子竞技与电子游戏并非泾渭分明的,甚至有不少人简单粗暴地将电子竞技与电子游戏混为一谈。因此,有相关学者将研究焦点集中在了电竞对人的影响,尤其是对青少年群体的影响上。盛菊霞在她的研究中说,当下的电竞产业,对我国青少年的身心发展都产生了许多不利影响,所以必须严格控制青少年的参与度,同时区分不同类型的电子游戏,制定有益于青少年发展的电竞项目。① 总的来说,这部分学者普遍承认电子竞技与电子游戏分属不同领域,但是从当下的社会条件来看,无法从事实上进行明确的划分,青少年需要在监护人的照看下接触电子竞技。

2.电竞相关报道研究

学者们对电竞相关报道的研究数量较少,但是涵盖的媒体类型相对全面,既有传统的纸媒,如报纸和期刊,又有较新的网络平台,如论坛和各大社交网站。相关学者不约而同地将研究重点放在了传统媒体的电竞报道研究上,研究内容主要分为三个方面,现今电竞报道中存在的明显问题、这些问题

---

① 盛菊霞.论电子竞技运动对青少年的负面影响及相应对策[J].宁波广播电视大学学报,2009(1):88-89,94.

背后的成因,以及怎样才能解决这些问题。

电竞报道中存在的问题是多种多样的,除了广告新闻泛滥、报道焦点模糊等传统话题报道中常出现的问题以外,还有“神话叙事”和“性客体化”等问题。在对男性电竞选手报道的时候,报道常常带有强烈的个人英雄主义倾向——热衷于在报道中将那些在国际电竞赛事中取得优异成绩的选手塑造为夸张的英雄形象,“力挽狂澜”“战神”等关键词出现的频率极高。当报道对象为出场率较低的女性电竞选手时,则表现出强烈的“性客体化”倾向,即在提到女性选手时,报道的撰写者往往会花费一些笔墨在女性的外貌描写上,为报道对象贴上“女神”“美女”等标签。

电竞报道之所以呈现出上面提到的不同媒介形象,原因在于不同话语的互动。报道背后政治话语与经济话语的互动,导致电竞报道需要满足“吸引眼球”与“国家民族导向”等诸多要求。同时,还受到社会文化语境的影响,社会对电竞选手,尤其是对女性选手的偏见根深蒂固,媒体在报道撰写过程中也就不知不觉地受到社会文化语境的影响。

要解决这些报道中存在的问题还有很长的路要走,可能的解决途径也多种多样,但基本上离不开以下几个方面:进一步提升报道人员的专业素质,坚持客观、立体、全面的报道原则;各大媒体平台在转播赛事或报道相关新闻时,应该坚持责任导向和事件导向相结合的原则;社会性别意识是格外需要注意的一点,不管是电竞行业内工作人员,还是媒体报道人员,都应该提升自己的社会性别意识,消除性别刻板印象,争取为消解社会区隔、引导电竞行业的健康发展做出努力。

总的来说,目前国内电竞相关的研究数量不算多,聚焦于媒体对电子竞技报道的研究更少,而将研究重点进一步缩小至报道对女性电竞从业人员媒介形象建构的文献,就目力所及还没有。所以,在研究该问题时,需要我们在充分消化已有文献研究成果的基础上大胆创新。

(二)研究方法

1.研究内容

本章研究主题为“主流媒体电竞报道中的女性媒介形象”,选择“人民网”作为主流媒体的代表平台,研究“人民网”上以“电竞”和“女性”为主题的相关报道内容,试图探究以下问题:“人民网”上与“女性”相关的电竞报道数量如何?所占比例如何?这些报道构建出的女性媒介形象是怎样的,有何特点?作为主流媒体的代表,“人民网”对于电竞行业女性媒介形象的建构是否存在不足之处?如果有,其背后的成因是什么?

2.研究方法

文献研究法。电竞兴起和发展的时间不长,女性在电竞行业崭露头角的时间更短,所以本章的研究内容较为新颖,可供参考的研究成果不足。在研究过程中,我们只能尽可能总结相关报道和学术成果,充分利用网络资源,在借鉴其他学者已有的学术研究成果的基础上,自行进行多角度深入研究。

内容分析法。内容分析法作为一种定量和定性相结合的研究方法,运用在本章研究中,主要是将“人民网”上符合要求的定性的报道内容作为素材,对其进行筛选、编码和整理后,转化为定量的研究数据,再通过对编码后的数据进行整理分析,作出基于数据分析结果的合理推断,验证此前关于女性媒介形象的部分假设或总结出关于女性媒介形象建构的可能规律。

文本分析法。在分析“人民网”电竞报道对女性媒介形象建构的过程时,还将使用文本分析法,对于某几篇典型性报道中所使用的措辞、篇幅安排等细节进行详细分析。

3.研究设计

本章的研究对象是主流媒体电竞报道中的女性媒介形象,选择的报道平台是“人民网”的“人民网游戏”频道。“人民网游戏”官方定位为“最权威中文游戏网站”。在选定样本时，在“人民网游戏”内搜索“电竞”“女性”两大关键词，显示共有 651 篇含有关键词的报道(截至 2019 年 3 月上旬)。若直接搜索单独的“电竞”关键词，则共有 8,262 篇相关报道(截至 2019 年 3 月上旬)。涉及女性媒介形象建构的电竞报道，仅占人民网电竞报道总数的 7.9%左右。

初步筛选的符合要求的报道所占比例小于总数的十分之一，且只要报道中同时拥有“电竞”与“女性”的关键词，不论报道是否明确将女性形象作为明确的报道对象之一，都纳入本章关注的范畴。事实上，其中大部分报道存在与研究主题相关性不显著的问题，在二次筛选时，剔除了“女性”关键词无实际明确指向意义的大部分报道，并将同一事件的重复转载进行精简处理，最终筛选出 18 篇完全符合要求的报道，作为进一步编码和研究的对象。详见附录三。

根据研究目标，本章在报道分析过程中特别关注的变量分别为：报道主题、报道倾向、报道对象和报道体裁。

报道主题主要包括：电竞赛事结果或发展状况、战队动态、特定女性个人状况介绍、电竞行业发展状况和其他(广告或推广)。

报道倾向主要为：积极正面倾向、中性客观倾向和消极负面倾向。

报道对象分为群体和个人两类。

报道体裁主要有：消息报道、评论和人物专访或特稿。

(三)研究意义

1.现实意义

第一，对电竞产业的整体促进作用。

随着信息技术的飞速发展，电竞产业也处在不断扩大、调整、整合的过程中。最初的网络游戏仅仅是一项娱乐活动，后来发展为电竞体育项目，直到今日，电竞已经发展成为集比赛、娱乐、直播和俱乐部运营等不同经营板块在内的综合性产业。

一个新兴产业的发展壮大，必然伴随着其知名度和认知度的扩散。虽然电竞产业蒸蒸日上,但从现实情况分析来看,社会对电竞的认可程度与其创造的产值规模并不匹配,还有相当一部分社会大众,对电竞产业持片面、偏激的态度。如果主流媒体在报道中对电竞选手进行足够客观的形象塑造,让受众得以通过既定事实来作为对电竞产业进行判断的依据,可以有效改善电竞在社会大众心目中的整体印象,让更多对电竞不了解的人去了解电竞、让本来对电竞抱有一定兴趣的人更进一步了解电竞,从而在整体上促进电竞产业更健康、更迅速的发展,同时也能促进社会整体经济水平的发展,达到双赢的目的。

第二,对青少年进行示范和引导。

尽管电子竞技已经被国家列为正式的体育项目,但从社会大环境来看,大众对电竞的看法始终存在刻板印象与偏见。尤其是在中老年群体中,对电竞的评价绝大部分都是负面的。大量家长将电子竞技等同于电子游戏,并视之为“洪水猛兽”;更有很大一部分家长,武断地将孩子成绩下降、视力下滑甚至亲子关系不和等问题归因于电竞。网络游戏作为网络所衍生的受众最广的娱乐渠道之一,是无法完全从青少年的生活中摒弃的。“堵不如疏”,最正确且最有效的措施应该是引导青少年正确看待且恰当使用网络游戏,而要达到这一目的,关键在于家长群体能否以客观中立、不带偏见的态度来看待电子竞技。如果主流媒体能够在相关报道中为电竞从业人员塑造出公正而良好的形象,对于家长群体的观念改变将十分有利。相应地,对电竞行业十分关注的大批青少年群体也将从中受益,在媒体的导向和家长的恰当引导下,树立起对电竞行业健康客观的看法。

第三,性别平等意识扩散。

随着社会的发展,女权意识与平权意识加速觉醒。在电竞领域主要表现为女性电竞从业者开始走入大众视野。但是,在电竞产业中,女性所担负的角色除了电竞选手外,还有形象代言人、游戏推广大使、主播和其他普通工作人员等。本章聚焦于电竞领域中的女性形象,探究电竞相关报道对电竞从业女性的媒介形象塑造，以认识其现状与可能存在的规律为目标进行研究，力图弄清在现今的电竞领域中女性的地位与作用，性别平等意识是否有效地贯穿整个电竞行业。

2.理论意义

国内对于电竞报道的相关学术研究数量不多，且随着电竞的飞速发展，相关研究聚焦的主题和内容也在不断变化。

对已有的学术研究进行梳理，关于电子竞技的定义、分类、发展趋势等研究已经相对成熟，但是对于电竞报道所塑造的电竞从业人员的媒介形象研究数量较少，且主要集中在对电竞选手的媒介形象研究上。目前对于电竞报道研究，涉及的报道平台较多，包括报纸、期刊、电视新闻和微博微信门户网站等，内容主要集中在对我国电竞选手在国际相关赛事参赛和获奖情况的报道上。

在电竞领域，针对女性在电竞报道中的媒介形象建构，目前为止还没有专门的学术研究成果呈现，部分专门面向电竞的专业期刊上有过数篇报道，但报道主题仅限于对女子电竞选手生存现状的研究。

所以，“电竞报道中的女性媒介形象研究”这一选题，在学术领域尚属空白，具有一定的开创性。考虑到电竞与网络密切相关的特殊性质，以及近年来社会对电竞的态度不断变化的现状，本章最终选择“人民网”作为研究的平台，通过对“人民网”上近年来关键词为“电竞”“女性”的报道进行分析，得出当下社会对电竞事业中女性媒介形象的建构和主流看法。

第二节　“人民网”对电竞报道与女性媒介形象构建

一、“人民网”的电竞报道分析

(一)报道数量分析

如图 6-1 所示,2014 年到 2016 年,以女性为报道对象的电竞报道总体数量极少,只有一两篇。但是从 2017 年开始,数量激增,2018 年增至 7 篇,和 2017 年相比,同比增长了 133%。从 2014 年到 2019 年 3 月上旬为止,以女性电竞从业人员为报道对象的报道数量曲线总体呈现出上升趋势。

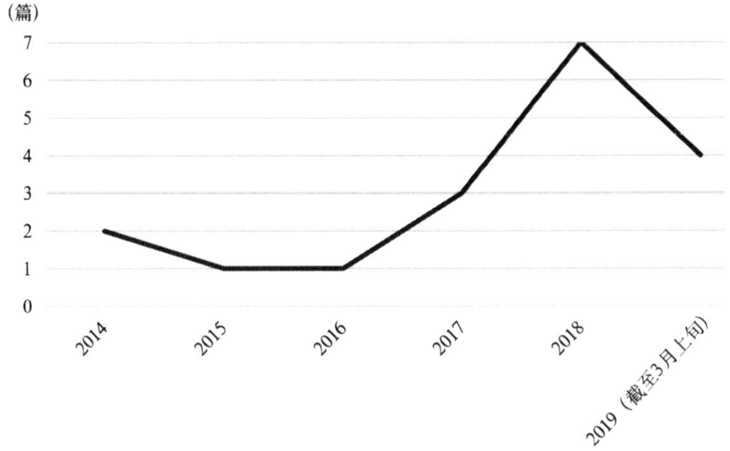

图 6-1　报道数量变化

总的来说,在“人民网”上的电竞报道中,关于女性电竞从业人员的报道数量呈逐年增长趋势,尤其最近两年增长更为明显。这与电子竞技产业的飞速发展和女性社会地位的崛起都是分不开的。

(二)报道主题分析

1.所选报道详细内容分析

如表6-1所示,大多数报道内容都比较单一,仅就某一位电竞选手或者电竞行业的某种现状进行简单报道,但也有少量报道的内容较为丰富,从现状入手,推及对行业前景的预测与展望,层层递进,结构比较完整。

表6-1 所选报道的详细内容总结与汇总

序号	报道标题	报道详细内容
1	"年轻"的电竞,以火箭速度取得骄人战绩	展望产业前景
2	谁说女子不如男?电竞花木兰Newbee.Scarlett	列举Scarlett在电竞领域取得的成就;介绍转会情况
3	电竞女团赛事少 曝光少 无投资 如何"绝地求生"	列举数个女子电竞战队走入绝境的过程;个别战队通过娱乐化转型生存下来
4	女子电竞究竟有没有路可走	列举取得一定成就的部分女性电竞选手的例子;对当今电竞行业隐性歧视女性的现状进行罗列(如大部分电竞俱乐部青训营都只要男生)
5	围绕女性玩家做轻电竞 《球场风云》登上比赛舞台	细分电竞市场,推广针对女性受众的游戏
6	明基将举办ZOWIE GERA DIVINA国际女子PUBG邀请赛	单纯赛事报道
7	七度空间冠名WUCG2018开创电竞营销新纪元	电竞+女性的合作,开辟异业合作新模式
8	2018京东杯PUBG总决赛即将开幕 男女选手同台竞技	大篇幅正规赛事报道,特意开辟介绍女性电竞选手的篇幅

续表

序号	报道标题	报道详细内容
9	女性参与电竞人数激增,形成电子竞技新风景	介绍 DNR 女性选手绝地求生战队;女性选手表达不愿当花瓶的意愿;介绍女性电竞选手若退役可选择的行业和其他就业方向(如主播和解说);总结当下电竞界女性选手生存现状:不容乐观、亟待规范
10	Miss:历经风雨毫不动摇 电竞巾帼不让须眉	专访题材,详细讲述几次转型经历
11	电竞世界也有她们的一片天	介绍电竞选手 Scarlett、赵筱和解说员张天鸽三位女性电竞从业人员的相关情况
12	京东游戏妹子杯武汉赛区比赛圆满落下帷幕	总体为正式的赛况报道,但是选择了大量美女选手的现场近照作为配图
13	众美女领衔 WESG 这些传奇的名字都出现了	列举数位女选手的专题报道
14	OMG 女子战队微博宣布解散 关注度不如游戏主播	介绍 OMG 女子战队解散;提出结论:女性选择电竞选手就业,前景远不如选择做主播
15	长相甜美身材劲爆 一线电竞女主播身价过千万	举例介绍了几位女性电竞主播
16	电子竞技是最赚钱的体育项目吗?	电竞行业存在天价收入从业人员,主要是主播;电竞主播不同现状层级探讨(顶级、中坚、草根);对女性电竞从业人员来说,最主要的障碍来自家庭;女性电竞职业化之路任重道远
17	萌妹子电竞世锦赛夺冠 自称是"很懒的吃货"	对某位女性电竞选手的专访,但在其训练情况上着墨不多,主要是对其现实生活的报道
18	电竞女子天生不如男?游戏较量是否要分性别	电竞领域是否有必要区分性别;现状概括;Scarlett 的例子

以题为《女性参与电竞人数激增,形成电子竞技新风景》的报道为例,这是一篇内容丰富、结构层次清晰的报道。报道以DNR女子电竞战队的成立为切入点,在简短介绍了DNR战队的相关情况后,借由战队队员之口,明确点出了女性电竞选手的普遍意愿,即不愿意被当作"花瓶";紧接着,以电竞行业内女性从业者的现状为依据,介绍了女性在电竞行业可以从事的认可度相对较高的另外两个职业:游戏主播和游戏解说;在报道的最后,报道撰写者立足当下的电竞界女性选手生存现状,将整体局面总结为"不容乐观、亟待规范"。这类报道通常以探究电竞行业女性从业人员的生存和发展状况为主题,以丰富的内容和完整的结构来为报道增色。

题为《七度空间冠名WUCG2018　开创电竞营销新纪元》和《明基将举办ZOWIE GEAR DIVINA国际女子PUBG邀请赛》的两篇报道,则代表了另一种更为细致和单一的报道主题模式,即以某项赛事动态及与某一广告品牌合作进度为报道的主要内容,女性在全篇报道中仅承担着配角角色。

2.报道主题的汇总统计分析

如图6-2所示,"人民网"上提到女性电竞从业人员的报道主要有五种主题,分别是电竞赛事结果或发展状况、战队动态、特定女性个人状况介绍、女子电竞行业发展状况和其他(广告或推广)。

电子竞技作为一项体育运动,按照一般理解来说,赛事应该是电竞所有报道中的重中之重,但从图6-2来看,赛事报道所占比例并不高。与男子电竞赛事相比,专门的正规女子电竞赛事数量本来就少,这也是出现这种状况不可忽略的现实因素。但是,图示结果还是可以在某种程度上说明,主流媒体在关注女子电竞时,并未将竞技赛事作为绝对优先的重要内容来进行报道。

在"人民网"的女性相关电竞报道中,占比最大的报道主题是"女子电竞行业发展状况"。相当数量的报道将关注点放在女子电竞的发展现状和前景探讨上,一定程度上可以说明,女性在电竞行业中的独特色彩正在为人们所关

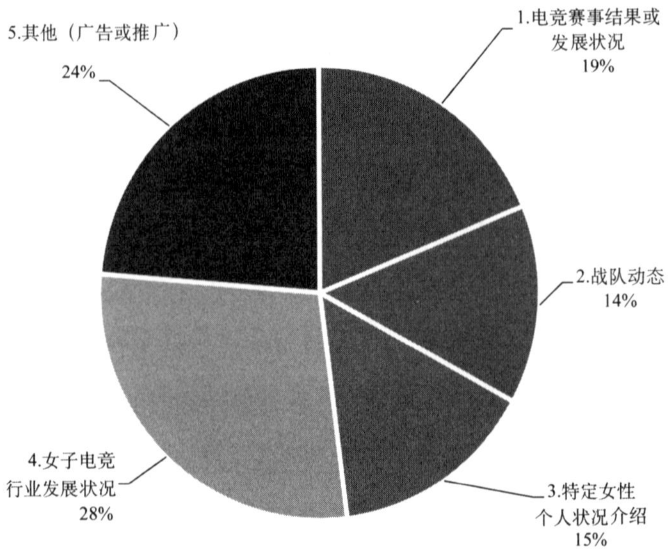

图 6-2 报道主题

注,越来越多的人开始意识到女子电竞行业的商业潜力,这对于国内的女子电竞是一个积极的信号。

其他(广告或推广)、特定女性个人状况介绍、战队动态,是剩余其他报道的主题,各自数量和占比差距不大,属于常规性的报道主题,深入研究与思考的价值并不大,在此并不细究。

(三)报道倾向分析

如图 6-3 所示,"人民网"上关于女性的电子竞技相关报道中,一半的报道倾向都是积极正面的,对女子电竞的现状及发展前景都持乐观态度;持客观中立态度的报道占比 16%;持消极负面态度的报道为 34%。

根据新闻的客观性原则,最理想的状态应该是所有报道都尽量采用客观中立的报道态度。不过由于女子电竞目前在国内还处于未被社会大众接受和认识的状态,主流媒体在报道时持较积极正面的态度是无可厚非的。

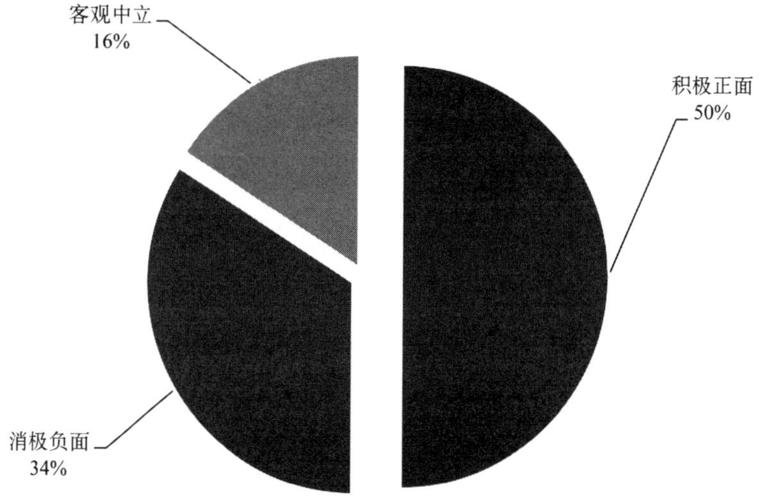

图 6-3 报道倾向

(四)报道对象分析

如图 6-4 所示,“人民网”上关于女性的电子竞技相关报道中,绝大多数报道都是以女性电竞从业人员这一整体为报道对象的,只有在专门的人物专访中才以个人为报道对象。

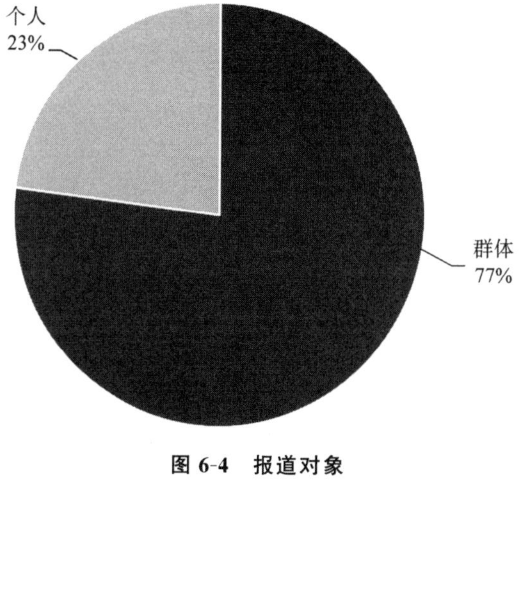

图 6-4 报道对象

(五)报道体裁分析

通过对"人民网"上关于女性的电子竞技相关报道所属体裁的分析,可得出如图 6-5 所示结论:消息、通讯是主要的报道体裁,评论与专访(或特稿)作为补充,数量较少。

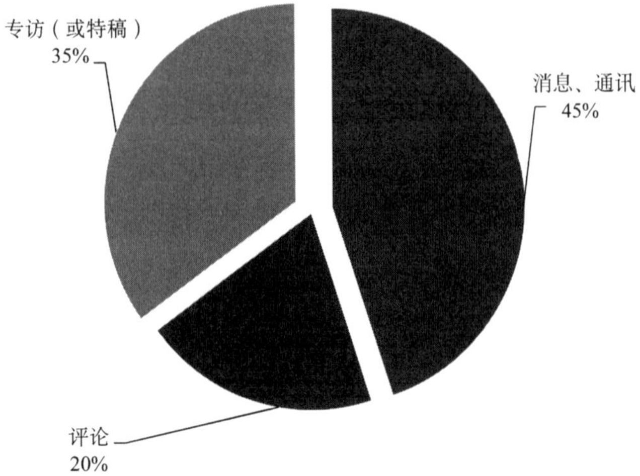

图 6-5　报道体裁

研究中发现,专访(或特稿)的数量比想象中要多。这或许与女子电竞的发展现状有关,电竞行业中女性的参与程度并不高,能够做到崭露头角、为大众所熟知的则更少,所以在报道时,媒体常常集中于少量几位较有名气的女性,如知名主播"Miss",在不同的时间段内媒体多次对她进行采访,并发出多篇人物特稿。

二、"人民网"电竞报道中的女性媒介形象分析

(一)报道内女性媒介形象分类分析

如图 6-6 所示,所选样本对于女性的媒介形象塑造,从直观性上可以分为电竞选手、赛事解说员、游戏主播以及受众/玩家几类。电竞选手形象占比最

多，占据所选报道的一半以上；游戏主播形象次之，占比为18%；而赛事解说员和受众/玩家形象较少，各自分别占据9%的比例。

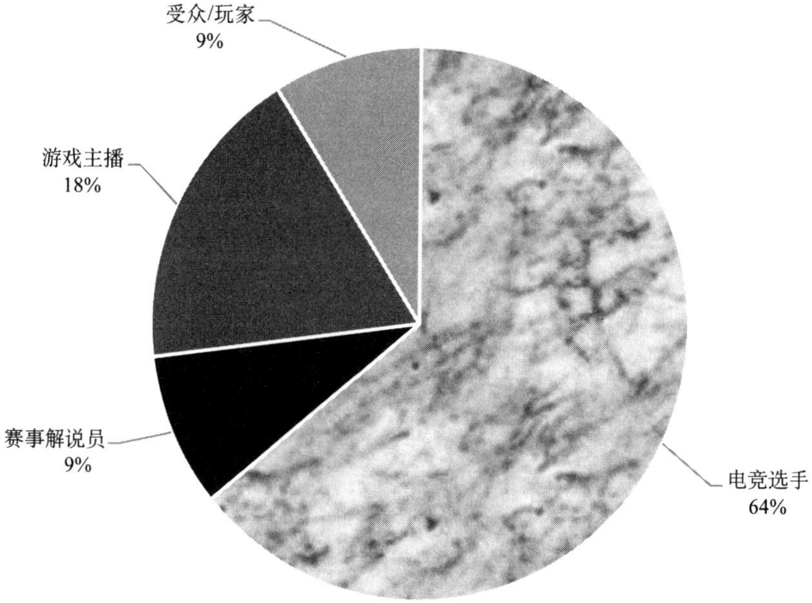

图6-6 女性媒介形象分类

除此之外，还有不少报道会塑造一种隐性的女性媒介形象，即类似"花瓶"的华而不实的一种形象。在后文会对具体的媒介形象分类进行详细分析。

（二）报道内女性媒介形象分类建构

通过对样本进行编码分析和整理，我们将"人民网"电竞相关报道中所建构的女性形象分为以下几类：电竞选手、赛事解说员、游戏主播、花瓶类角色（如所谓"代言人"和"推广大使"）以及受众/玩家。

1.电竞选手——专业性

电竞作为一项体育竞技项目，最重要的从业角色就是职业电竞选手。近年来，除了传统的国际电竞赛事外，越来越多的女子电竞国际或地区赛事开始创办,吸引了越来越多的女性投身职业电竞,不少优秀的女子电竞选手开始在各大赛事上崭露头角。

在“人民网”关于女子电竞赛事的报道中,往往都会特意为在赛事上有优秀表现的部分女性选手开辟出一定的版面,专门介绍她们;还有不少报道会专门针对一位或几位优秀女性电竞选手,为她们做详细的单人报道。例如 2019 年 1 月 18 日的专题报道《谁说女子不如男？电竞花木兰 Newbee.Scarlett》,在该报道中,详细介绍《星际争霸 2》项目中的著名加拿大裔女运动员 Scarlett。2011 年到 2019 年期间,她在各大国际赛事上取得优异成绩,并在 2018 年年底,加入中国国内电竞豪门——Newbee 电子竞技俱乐部,作为中国队的强力外援与中国电竞选手一起征战 2019 年的各大国际赛事。在该篇报道中,作者用了“花木兰”“加拿大虫后”“刀锋女皇”等词语来形容 Scarlett,充分表达了对她实力的认可和尊重。

值得一提的是,电子竞技尽管设立了专门的女子电竞赛事,但是目前传统的电竞赛事并没有明确的选手性别限制规定,Scarlett 就是一名能够与男子电竞选手同场争霸的实力强劲的女选手。“人民网”早在 2014 年 2 月 17 日,就发表过关于电竞性别讨论的报道《电竞女子天生不如男？游戏较量是否要分性别》,在这篇报道中明确指出,电竞赛场上罕见女选手,是因为大多数情况下女性在电竞技术方面要逊色于男性选手,同场竞技的情况下很难走到大型赛事的后半程;但是在报道中同样提到了 Scarlett,作为女性电竞选手也有突破重围的例子。文末也提出了作者的设想,电竞在未来很有可能会同围棋赛事一样,设立专门的女子比赛。迄今为止,电竞赛事的确正沿着这一思路发展。

尽管设立了专门的女子电竞赛事,但国内的电竞女子团队仍然面临各种困境。“人民网”于 2019 年 1 月 15 日发布了一篇报道《电竞女团赛事少　曝光少　无投资　如何“绝地求生”》,文中指出,截至 2019 年 1 月,国内的电竞女团只剩下不到十支,而叫得上名字、经营状况勉强说得上不错的只有两三支。专门女子赛事少、媒体曝光少、投资不多，正是挡在国内电竞女团面前的三座大山。国内的女性电竞选手，并不是一个轻松的职业，所幸已经有不少报道试图塑造出专业性不输于男性电竞选手的女性形象。在将来，这种公正客观的正面报道只会越来越多，这对于女性电竞选手正确的社会形象建构是有利的。

2.赛事解说员——外貌水平与对游戏了解程度并重

电竞赛事解说员，是电子竞技行业中女性面孔较多的岗位，一般负责在电竞比赛中进行实时赛况解说。从文本分析的角度解析提到女性赛事解说员的报道，其报道视角选用值得注意：基本所有的报道都会倾向于采用赛事观众的直观视角或选择解说人选的相关决策者的视角，“美女解说赏心悦目，让人在了解赛况的同时还能养眼”，类似的语句多次出现。电竞比赛的观众以男性居多，在保证专业性的情况下，较之男性解说员，他们也的确更愿意看到外表靓丽的女性解说员。这些女性解说员一般来说都有一定的游戏功底，对于所解说的游戏的角色、装备、技能甚至参赛选手的操作风格有一定了解，且语言表达能力不错，能够在比赛过程中与搭档配合，迅速为观众解说赛场上的战斗状况，分析对战双方可能采取的战略并作出自己的评价。

值得一提的是，稍有名气的女性电竞赛事解说员，往往具有多重角色，既可能是或曾经是电竞选手，也有可能是游戏主播，甚至三者兼而有之。

3.游戏主播——技术类主播与非技术类主播并存

游戏主播是电子竞技行业中女性占比最大的岗位。主播一般以各大直播平台为依托，每天进行数小时的游戏直播，与观众进行互动，通过观众所赠送的平台“礼物”提成而赚取利润。

社会大众和各大媒体对于女性游戏主播的看法不一，很大一部分甚至是负面的。例如在2016年3月24日，“人民网”就曾转载过一篇关于电竞女主播的报道《长相甜美身材劲爆　一线电竞女主播身价过千万》，报道标题以“长相甜美”“身材劲爆”为看点，力图吸引更多读者的眼球，如此标题很难给读者留下关于“电竞女主播”的好印象。

客观来说，电竞游戏女主播基数庞大，技术类优质主播并不在少数，但也的确存在一些靠色情、低俗“擦边球”式内容吸引眼球的投机者。“电竞女主播”这一群体，在很长一段时间内可能都会维持这种良莠不齐的状况。

4.花瓶类角色——吸引眼球但无实际意义

在许多电竞相关报道中，常常出现一种特殊的女性媒介形象，包括但不限于所谓的“形象代言人”“推广大使”“吉祥物”等。这类报道，通常以身材劲爆、长相姣好的女性形象吸引眼球，但实际上却与电竞主题并无联系。

花瓶类的角色具有典型的外表形象视觉化特征，在相关报道中常处于重要性并不强的配角位置。与之重要性相反的是，在报道配图时，这些非重要位置的花瓶类角色却常占有最大的配图篇幅。以题为《京东游戏妹子杯武汉赛区比赛圆满落下帷幕》的报道为例，这一报道内容总体为正式的赛况报道，但是却选择了大量手持赞助商广告牌的美女形象图片作为配图，配图与报道内容的相关性极不匹配。讽刺的是，这类媒介形象常常会博得较高的点击率与关注度，这实在是电竞行业中出现过的最可悲且最无奈的女性媒介形象。

5.受众/玩家——数量增多，性质中性

在电竞报道中，女性越来越常作为单纯的电竞受众/玩家出现在报道中。“李抑扬表示：‘为电竞游戏付费的用户构成了国内游戏用户的主力军，这部分群体过去以男性为主，而随着移动电竞游戏的拓展，越来越多其他属性的用户也加入这个群体中来，主要包括女性用户以及更年轻的用户群体。’这部分人群不俗的消费能力和热情，为电竞行业注入新的动能。”①当下社会，女性对电

① “年轻”的电竞，以火箭速度取得骄人成绩[EB/OL].(2019-03-10)[2019-10-15].http://game.people.com.cn/n1/2019/0311/c40130-30968446.html.

子竞技的兴趣在提升,越来越多的女性开始成为电子竞技的忠实受众/玩家。这是媒体报道中极度中性的一种媒介形象。

(三)报道内女性媒介形象变化趋势分析

媒体对于电竞相关的报道,从一开始仅仅将其当作一种新鲜事物进行报道,到近年越来越专业地加以报道,总体来说,报道的数量增多、报道频率上升、报道类型越来越多样、报道内容越来越专业全面。

而对于电竞报道中女性媒介形象的建构,呈现出越来越多样化的趋势,从最初单纯的"女性电竞选手"发展到如今的包括电竞选手、赛事解说员、游戏主播、花瓶类角色以及单纯受众/玩家在内的多种媒介形象。

单一类型的媒介形象建构越来越深入、完整,并开始呈现出融合性趋势。女性电竞选手、赛事解说员、游戏主播身份开始融合,身兼数职的"明星"女性电竞选手越来越多,社会大众对有女性电竞从业人员的认知往往也是从她们开始的。

第三节 "人民网"电竞报道中女性媒介形象构建探究

一、成因分析

(一)经济动因与政治动因的互动

报道的载体是新闻媒体平台,而媒体平台运营的目的是赢利、吸引眼球、提高点击率、满足广告商需求等,这些都是媒体撰写和发布电竞相关报道必须考虑的因素,尤其是近年来,在商业文化和消费主义的冲击下,不可避免地出现了一大批以女性的身材、外貌为噱头的报道。但是随着电子竞技的专业化发展,相关报道的专业性不断增强,最明显的表现就是关于专业女性电竞选手的报道数量和质量都在不断提升。

主流媒体在某种意义上承担着喉舌的职能,所以在对主流媒体平台进行分析的时候必须考虑到一定的政治影响因素。近年来,国家开始大力扶持电子竞技产业的发展,在政策影响下,主流媒体对于电子竞技领域的关注一定会加大,相应地,关于女子电竞的报道数量也会水涨船高。这也是近年来影响相关报道的因素之一。

总的来说,主流媒体对于女性电竞从业人员的形象建构,应该是其背后经济动因与政治动因互动所产生的综合结果。

(二)社会文化语境影响

社会文化语境是在不知不觉中对每个社会大众产生影响的重要因素,所以在研究主流媒体电竞报道对女性媒介形象建构的时候,不能不考虑社会文化语境。大体来看,大众对女性的刻板成见始终存在,甚至在女性群体中也存在着"集体无意识"的现象。

但近年来,女权主义和平权主义的呼声日益高涨,越来越多的人开始有意识地正视女性在特定行业的地位和成绩,电竞行业也不例外。尽管在先天生理条件的限制下,罕有女性电竞选手能够成功闯入男性称霸的电竞赛事,但越来越多的专门女子电竞赛事陆续创办并成功举行,而且女性在解说、主播等多个领域发挥出越来越强大的作用,相信在电竞进一步发展的过程中,女性会成为不可忽视的一种力量。

二、存在问题——性客体化

在对所选择的电竞报道进行研究的过程中,展现的最显著的问题无疑是"性客体化",即媒体在对女性电竞从业人员进行报道时,总是会先以或长或短的篇幅对报道涉及的女性进行女性特征定义,然后才会展开正式内容。

如"人民网"2014年11月19日转载的一篇报道《萌妹子电竞世锦赛夺冠 自称是"很懒的吃货"》中,一位优秀的女性电竞选手在国际赛事中取得了不俗的成绩,但是媒体在报道中却首先对她进行了定义——萌妹子,并且在其后的报道中,多次提及这个头衔,后文也对其"萌"的方面"大书特书",反而赛事的相关内容很少。当提及电竞女性解说员或者主播时,"性客体化"则更加明显。相关报道一定会在开头对报道主角进行一定的外貌描写和定义,常见的描写如"面目姣好""身材火辣""女神"等。

在媒体报道中,尽管一直提倡客观性原则,但报道撰写者在潜移默化中还是会迎合利于商品消费的大众倾向,这也导致了许多报道在遣词造句时、在词语选择上无法摆脱某些带有主观性的词句,如在对女性电竞选手取得的成绩进行报道时,频繁使用"出乎意料"等词语;在描述某一女选手凶悍利落的比赛风格时,常使用"与其外表不符"等语句。总的来说,在相关报道中,报道撰写者热衷于女性电竞从业人员视觉化的外表形象塑造,且常常将其非传统化的人格形象与之割裂开来。

第七章 性别意识:女性向游戏的溯源、分类及模式解析

2017年年底,一款名为《恋与制作人》的恋爱游戏受到国内女性的狂热追捧,在上线14天之后便闯入App Store前十,在免费下载榜居于第二的位置。一时之间,微博、朋友圈都成了游戏中"太太"们的集散地,有玩家甚至不惜花12万元为游戏角色庆祝生日,亦不乏玩家为解锁游戏剧情,在游戏中消费上千上万元。游戏角色频频登上微博热搜,游戏和角色超级话题也长居游戏类超级话题前列。随后《旅行青蛙》上线,女性玩家们从原本"养老公"又新增了"养蛙儿子"这一项业务。在微博、朋友圈中,玩家们一边分享着"蛙儿子"带回来的"特产"和图片,一边惆怅着"蛙儿子什么时候回来啊"。伴随着四个"野男人"和"蛙儿子"的登场,女性向游戏进入国人视线,引发社会关注。

据极光大数据统计,截至2018年2月,女性手游用户渗透率为34.6%,用户规模为3.67亿。女性手游用户最为偏好的手游App为《开心消消乐》,其次为《恋与制作人》和《宾果消消消》,《旅行青蛙》居于第四位。在《恋与制作人》《旅行青蛙》之后,又有腾讯出品的《云裳羽衣》、网易出品的《遇见易水寒》

等,[①]各游戏大厂纷纷加大对女性向游戏的投入。截至2018年10月,在游戏下载平台TapTap上搜索女性向游戏有272款。中商产业研究院数据显示,仅2018上半年,中国游戏市场女性用户消费规模已经达到243.9亿元。[②]女性向游戏的火热与女性玩家群体的强大使得在当前的游戏市场中,女性受到越来越多的关注。

第一节　女性向游戏现状、产生与发展

一、女性向游戏研究现状

女性向游戏就是专门针对女性玩家设计的,适合女性玩的游戏。一般认为女性向游戏分为乙女游戏、BL游戏和育成游戏三类。我国的女性向游戏尽管早先已有换装养成、休闲消除类游戏,但目前仍处于起步阶段,在游戏消费、游戏设计等元素中仍然面临诸多问题。

目前国内针对女性向游戏的学术研究,主要是针对某一类或某一个具体游戏,对其传播策略进行研究,或对其游戏设定做出探讨,或对玩家的心理、行为进行分析。国内目前在针对女性向游戏的案例选取中,主要是以《恋与制作人》作为研究对象进行各种层面的分析。

乙女游戏方面,在心理上,温彩云和周宣任在《恋爱·游戏·白日梦:女性向恋爱类游戏的心理作用机制分析》中,以《恋与制作人》为代表的女性向恋爱类网络游戏作为研究对象,认为恋爱游戏本质具有社会表演的虚幻叙事特质,

---

① 极光大数据:2018年2月女性手游用户研究报告[R/OL].(2018-03-21)[2019-09-18]. https://www.199it.com.arthives/701879.html.

② 2018上半年中国游戏市场女性消费数据分析:消费规模达到243.9亿元[EB/OL].(2018-09-10)[2019-10-20]. https://baijiahao. baidu. com/s? id = 1611190892037244564&wfr=spider&for=pc.

其源于玩家对虚拟理想自我的建构需求、对理想恋爱对象的期待和现实生活中的游戏逻辑的渗透与传播，并通过普罗透斯效应达到对现实的有效遮蔽。

随后，黄璐在《幻想与认同：女性向游戏中玩家的心理分析》里，运用文本分析法，透过游戏文本的设计，从“幻想”与“认同”两个层面对女性玩家的心理作用机制展开分析，认为游戏这种虚拟与现实的交互使得玩家心理不断变化，并解释了女性向游戏被追捧的原因。

对于游戏玩家的线下行为，尹明柔在《游戏迁移下趣缘群体的狂欢盛典——以〈恋与制作人〉为例》中，通过内容分析和体验式观察，对《恋与制作人》聚合的一大批被四大男主角吸引的“迷妹”进行了研究。研究认为有着共同喜好的“迷妹”趣缘群体使游戏迁移的情感化路径突破了现实的局限，趣缘群体内部产生了强烈的自我认同，游戏的热点从线上向线下辐射，最终形成了狂欢节式的盛典。

吕悦在《让“纸片人”走入现实生活：浅析〈恋与制作人〉中的游戏角色塑造》中，从“把握目标用户心理”“视听结合”“全方面宣传”三个方面对《恋与制作人》如何成功塑造游戏角色进行了分析。研究认为，乙女游戏相较于其他游戏而言，对于角色的塑造和游戏的代入感要求更高。

育成游戏方面，姜文浩《传播学视角下〈旅行青蛙〉走红原因分析》以育成游戏《旅行青蛙》为研究对象，分析了它在社交圈中迅速走红的原因，肯定了女性玩家和女性向手游的地位。事实上，我国对于育成游戏的研究大多是以《旅行青蛙》作为研究个案展开的，在《旅行青蛙》火爆之前，国内在育成游戏上的研究多是针对幼儿教育的养成游戏。

李菁在《基于数据挖掘分析的游戏 APP“旅行青蛙”的传播研究》中，以1,000 余条与《旅行青蛙》有关的微信公众号推文作为分析对象，通过数据清洗、分词、关键词提取、词云制作等方式，结合游戏冲动、共情等理论，通过词频分析、可视化处理，最终认为《旅行青蛙》反映的“佛系”生活状态，事实上是在社会压力大、碎片化时间多的情境下“佛系青年”的心理写照。

对于女性向游戏整体发展的学术研究相对来说较为不足,仅谢雨忻在《视听》上发表的《对中国女性向手机游戏发展历程中女性用户群体的解读》一篇,该研究依靠使用与满足理论分析了我国女性在当前手游市场中的地位,对我国女性向游戏发展阶段进行了梳理,并分析了驱动女性向游戏发展的因素。但是,此研究着重关注发展历程,缺乏对女性向游戏本身的解构。

在学界之外,曾有乙女游戏的资深玩家对乙女游戏的发展脉络进行过大致的梳理,但缺乏学术性,且缺少针对女性向游戏的模式探讨。然而,女性向游戏近年来越来越受关注,对其发展、模式及心理等进行探析都是十分必要的。

二、女性向游戏的渊源

“女性向”一词最早出现于 20 世纪 50 年代的日本。“向”在日文中,是目标群体的后缀,故而“女性向”是指一种把女性当作目标受众的文化消费。由此而来,“女性向游戏”就是针对女性玩家设计开发的,适合女性玩家玩的游戏。

女性向游戏最早诞生于日本,后衍生出诸多分类。

(一)女性向游戏的溯源

在日本社会中,女性长期处于受歧视的地位,到明治维新时期,思想逐渐开化。女性以往讲求顺从和服侍的“妇德、妇言、妇容、妇工”观念开始发生转变。在教育方面,社会开始重视将女性朝“家庭主妇”的方向培养,强调女性在家庭生活中的地位和作用,逐渐形成了“男主外,女主内”的经典模式。这种“女主内”的内部圈子孕育出了女性向游戏的萌芽。

女性向游戏的萌芽最早表现为女性歌舞剧。在 1914 年,日本实业家小林一三创立了宝冢歌剧团,进行针对女性群体的歌舞剧表演。剧团的成员均为未婚女性,剧中角色无论男女也全部由女性来扮演。出于同性之间的了解,相较男性演员,这些扮演男性角色的女性演员,更懂得女性观众的需要,更能满足她们的欲望。女性观众逐渐减弱对男演员的需求,在女性群体内部逐渐形成自给自足的圈子。“女性向”标签开始形成。

“二战”后,日本女性的社会地位有了一定的提高。绝大多数女性追求个性和思想解放,妇女受教育水平提高,精神开始独立。原本女性自给自足的圈子逐渐发生一些变化。从内部来看,女性总体的素质提升,对自己在家庭中的定位有了突破传统的认识,在照顾家庭之余,她们会通过参加各种活动来结识朋友、获取知识,进而维持女性相对独立的圈子;从外部来看,部分女性开始外出工作,使得女性群体相较于以往“足不出户”的状态,获得了更多外界的关注,专门针对她们的产品开始出现,女性向游戏就在这样的背景下产生了。

(二)耽美文化的助推与丰富

耽美文化是20世纪70年代开始流行起来的,在女性向游戏发展的过程中,发挥了不可忽视的影响。它源于日本的“武士道”文化,“武士道”精神坚持“武士之于武士的爱要唯一,一个武士有权利以背叛者的鲜血洗净崇高的武士之爱所受到的玷污”,认为男人对男人要专一。在这样的文化背景下,耽美逐渐在女性群体中流行开来。到了20世纪90年代,“BL”这一叫法开始流行起来,“BL”即“Boy's Love”,专指男性之间的爱。它的产生,最早其实来源于独立圈子的家庭妇女群体对于男性之间感情的想象。同时,这种文化是女性在一个没有男性目光注视下、没有男性直观价值判断的空间里,以女性自身话语进行的创作,是女性对自己欲望的抒发,是对传统审美和价值需求的打破。

BL也被看作是耽美的简称,耽美本意为“唯美、浪漫”,详细解释为“包含一切美丽事物,能让人触动的、最无瑕的美”。也就是说,BL这种男性之间的爱必备的特点是唯美的、纯粹的、浪漫的。这便在无形中要求BL作品中的男性有俊美的外表,能让人赏心悦目;同时,BL作品中“男男”之间的爱十分纯粹,甚至是超出现实生活,且过度理想主义的爱;除此之外,BL 中的“男男”感情也常朦胧难言,在这种不戳破的隐晦朦胧中,营造一种“引人遐思”的美好感情。女性受众的丰富脑补是促成 BL 文化的重要内容。

对于喜欢耽美文化,热衷于“男男”恋爱关系的女性,人们称之为“腐女”①。因为耽美文化的传播形式主要依赖于文学作品、影视动漫和广播剧等,“腐女”们倾向于在和这些内容相关的平台上寻找同好②,进行相关角色的“二次创作”,渐渐使得“腐女”群体壮大开来,也将耽美文化推向了非“腐女”的大众视野。在这样的热潮下,游戏厂商的目光也逐渐转向 BL 方面,BL 游戏逐渐成为女性向游戏的重要部分。

近几年来,女权主义不断发展,自由与独立越来越成为当下女性群体的追求。婚姻和家庭不再像以往那样被女性视作绝对重要的部分,精神上的快乐才是人生的享受。女性不满于在两性关系中处于依附地位,在文学作品中也出现了诸多“女强男弱”的设定,影视作品更是引发了“大女主”热潮。女性向游戏顺着这股风潮,得以进一步发展。

三、女性向游戏的发展脉络

女性向游戏真正诞生是在 20 世纪末。最早的女性向游戏是 1994 年日本光荣公司出品的安琪莉可系列。这一系列由光荣公司的女员工发起。在当时,人们普遍认为“游戏就是男性玩的”,光荣公司的一个研发组抱着“试试看”的态度,经过一年半的研发,无语音版的《安琪莉可》在 1994 年 9 月问世。《安琪莉可》以架空世界为背景,女主角被选为女王的替补人选,但同时她又是以庶民身份在名门女子学校上学的少女,玩家作为主角在游戏进行过程中必须通过修炼,也就是和攻略角色谈恋爱来提升自己,最终与官方设定的敌人竞争

---

① 腐女(ふじょし,fujoshi),指喜欢 BL,也就是男男爱情的女性。

② 同好,即有共同爱好的人。

夺得女王宝座。

《安琪莉可》发行之后，受到广泛好评，原本“试试看”的研发组开始受到重视。于是，在1995年，光荣公司发售了新版的《安琪莉可》，即《安琪莉可 Special》，在原来的基础上完善了游戏，同时还邀请著名的声优[①]来为游戏角色配音。随后，光荣公司又推出《遥远时空中》《金色的琴弦》，与《安琪莉可》一起组成了知名的“Neo Romance”系列。

1994年《安琪莉可》发售后，女性向游戏进入起步后的探索阶段，光荣公司以外的游戏厂商也纷纷开始进行女性向游戏的研发。事实上，这一时期的女性向游戏“女性向”特征并不十分明显，多数只是作为具有恋爱要素的角色扮演游戏，几乎所有作品的主人公性别都是可选的。可见在女性市场完全崛起之前，女性向游戏厂商在游戏制作时仍然兼顾着男性市场。

女性向游戏发展到2000年，光荣公司一家独大的局面被打破，女性向游戏成为多家游戏公司齐头并进的领域，女性向游戏的发展进入百花齐放阶段。这一时期，女性向游戏开始分化，“女性向恋爱游戏”逐渐被“乙女游戏”这一名字取代，更多指的是偏向于适合少女的男女恋爱游戏。同时，随着耽美文化的发展，BL游戏也成为女性向恋爱游戏的重要内容。至于恋爱游戏之外的育成游戏则逐渐自成一派。在这一时期，女性向游戏由乙女游戏、BL游戏和育成游戏三类构成的分类方式基本形成。

公认的最早的BL游戏是1999年发售的《BOY×BOY 私立光稜学院诚心寮》，这款游戏面向各个年龄层，主要围绕高中男生的校园生活展开，发售之后并未引起太大的反响。反而是第二年的《喜欢，就是喜欢!!》掀起了强烈的BL热潮。《喜欢，就是喜欢!!》以主角羽柴空在学校不慎坠楼为起点展开，游戏设定面向18岁以上的玩家，受到玩家们的狂热追捧。随后，《喜欢，就是喜欢!!》

① 声优：せいゆう，配音演员。

以一年一部新版的推进方式在2003年完结。在此之后的绝大多数BL游戏均含有"18禁"的相关内容,甚至在市场中,诞生了"BL游戏就是18禁PC游戏"的流派。①

到2005年,女性向游戏的发展步入相对成熟的阶段。这一时期发售了多款经典的女性向游戏。尤其在BL游戏方面,2005年发售的《咎狗之血》《花町物语》《绝对服从命令》成为女性向BL游戏的代表作品。这一时期的另一个表现是游戏平台的多元化。2006年,日本游戏厂商Voltage率先推出恋爱剧手机应用程序,是在普通翻盖手机上也能玩女性向恋爱模拟游戏的游戏合集,以"感受日常的心跳"为主题,结束了以往只能在游戏机上进行游戏的局面。这使得女性向游戏获得了更多的玩家。玩家数量的增多,玩家的需求越来越多元,女性向游戏的种类也随之越来越细致复杂。

在女性向游戏的发展中,技术起到了很大的推动作用,这种推动作用主要通过影响游戏平台和游戏体验表现出来。在女性向游戏发展的历程中,经历了SFC②、PS③、电脑游戏以及手机游戏等平台形式,近几年,还呈现出与VR、AR技术融合打造三维游戏的趋势。日本乙女游戏《被囚禁的掌心》在发售之初是以普通的手机游戏形式展开的,玩家通过手机触屏与游戏角色进行"面对面"的互动。在发行后不久,官方举办了游戏玩家的"VR见面会",营造了更真实的互动体验。技术平台上的更新始终伴随着女性向游戏的发展,女性向游戏不断表现出新的创造力和活力。

---

① "女性向けゲーム"約20年の歴史とその分化や進化。はじまりの『アンジェリーク』からVR・ARまで【乙女ゲーム、BLゲーム、育成ゲーム】[EB/OL].[2020-10-19].https://news.denfaminicogamer.jp/kikakuthetower/180419.

② SFC,任天堂公司第二代家用游戏机。

③ PS,Play Station的简称,是日本索尼公司的著名游戏机系列。

第二节　女性向游戏分类与模式

目前来讲，一般认为女性向游戏分为乙女游戏、BL游戏和育成游戏三类。这三类游戏模式既有相同也有不同，总体上都依靠玩家与游戏角色形成关系或依靠玩家来控制游戏中的角色关系来形成互动。

为了迎合女性玩家的需求，女性向游戏的画面设定往往都依照女性审美进行设计。俊美的外表和悦耳的声音对于女性群体来说具有足够的诱惑力，在女性向游戏玩家中，更不乏潜在的“颜控”和“声控”，故而在女性向游戏中的主要男性角色大多数都拥有健硕的身材和英俊的面容，角色服饰精美时尚。游戏场景的色彩搭配与整体画风通常是华丽优美的，以满足女性玩家的颜值与时尚需求，营造舒适的视觉感受。此外，游戏背景音乐的设计与情节呼应，营造游戏中不同情感走向的不同氛围，尤其是配音演员的加入，使角色形象更为立体丰富。

女性向游戏与男性向游戏最大的区别在于女性向游戏操作简单。相较于男性向游戏中的杀伐争斗，女性向游戏更注重轻松的恋爱经营或角色养成，这意味着女性向游戏中的竞技动作操作会较男性向游戏更为简单，甚至是没有竞技动作的。女性向游戏多为文字冒险类游戏，操作更多在于根据剧情走向做出选择和道具的获取。简单的操作方式易于让更多女性玩家轻松上手。

一、乙女游戏

乙女游戏作为角色扮演恋爱游戏，以女性为主角，以两个或两个以上的男性角色作为可攻略对象。玩家以游戏中女主的身份，选择与游戏中的男性角色展开“恋情”。不同于女主角可与多名男性角色同时达成恋爱结果的“逆后宫”，乙女游戏中玩家最终只能选择与一名角色实现“恋爱关系”。

因为强调男女恋爱关系，乙女游戏的画风偏向清新甜美，游戏色调多以粉色、紫色等少女色系为主，在视觉中率先营造恋爱氛围。除却烘托剧情走向的背景音乐外，乙女游戏的背景音乐基调多是轻快温馨的，加上配音演员与角色融为一体的声线在游戏中不时向玩家发出甜腻的情话攻击，在听觉上也使得玩家被恋爱气氛所包围。以2018年大火的国产乙女游戏《恋与制作人》为例，视觉上四位男主角都高大帅气、英俊挺拔，服饰也时尚多元；游戏界面中粉色调的樱花，蓝色调的城市建筑，星空、花海、彩虹、大海等浪漫场景的设定，将玩家包裹在恋爱场景中，创造出浪漫温馨的恋爱环境。乙女游戏本质是恋爱经营游戏，游戏的互动和设定均出自对恋爱的经营与思考，在满足玩家恋爱少女心的同时，也会教授一些恋爱技巧。

（一）乙女游戏的静态结构

乙女游戏作为男女恋爱游戏，玩家以女主身份在多个男性角色中选择“恋爱对象”，剧情风格浪漫温馨，存在诸多甜蜜的日常场景。

1.线性剧情与多结局剧情并行

2018年年初，国内单机游戏门户网站“游民星空”发布文章《游话好好说：你更喜欢线性剧情还是多结局剧情?》。在文章下方的互动中，有三分之二的人选择倾向于线性剧情，三分之一倾向于多结局剧情。一般来讲，线性剧情是以一种方式发展的剧情，是玩家没有选择性或者选择对剧情走向没有影响的剧情；多结局剧情则是指以多种方式发展的剧情，在游戏中会因为玩家的不同选择而产生不同的结局。

作为恋爱游戏，乙女游戏在剧情设置上既有线性剧情又有多结局剧情。《恋与制作人》便是线性剧情游戏，主线剧情与副本剧情、约会剧情相对独立，玩家在主线剧情中与男主角互动选择较少，且对剧情走向不构成影响，但在支线的副本剧情与约会剧情中，玩家可以选择攻略角色实现与心仪角色的“恋爱经营”。以玩法新颖著称的日本乙女游戏《被囚禁的掌心》属于多结局剧情，玩家在游戏中的每次选择都有可能导致不同的结局——玩家可能与互动的角色“修成正果”，也可能与角色“相逢不识”。

2.特定的游戏环境和日常化的恋爱场景

乙女游戏通常为玩家设定充满戏剧色彩的游戏背景。有以古典名著为背景创作的乙女游戏《新说西游》《恋星水浒传》；也有以古风历史为原本的《梦回南朝》《恋世界·锦书难托》；更不乏在现代生活增强带入感的，如《恋与制作人》《被囚禁的掌心》。

选择架空或古代场景的乙女游戏《恋世界·锦书难托》，将场景放置于架空朝代的江湖中，女主角在和青梅竹马的师兄去送东西的途中遇到仇家，在逃跑的过程中以及与仇家的互动中了解自己此前未曾知晓的江湖恩怨。

《恋与制作人》主打超现实恋爱，将剧情中的城市定位在以上海市为原型创造出的虚拟城市“恋语市”，游戏场景中不时出现的城市地标为玩家营造出一种真实的质感。剧情以拯救濒临破产的影视公司为开端，作为公司老板的女主角，在拯救公司的拍摄活动中与男主角邂逅，展开恋情。

不管场景选择古代还是现代，剧情的展开内容都基于日常生活场景中的恋爱互动。

3.多元男主角满足玩家的恋爱幻想

在可攻略角色的设定上，乙女游戏中的男主角设定，各有各的“苏”点，为不同类型的女性玩家打造不同的“白马王子”。

第一，恋爱对象职业与技能幻想。

女性在恋爱中注重稳定和有安全感，乙女游戏在角色设定的过程中将“男主角永远爱着玩家”作为角色设定的根本要素。在职业设定中，常见能时刻给予女主角安全保护的高武力值男主角色，如《恋与制作人》中的白起，角色的职业设定为特警，一句“谁都有可能害你，我是最没可能的那个”，将女主角的安全归于自己的保护之下。再如《遇见逆水寒》中，几位男性角色各个身怀绝技，或为四大名捕之一，或为武艺高强的侠客。

除却武力值带来的安全感外，才智过人也是多数女性玩家对理想男友技能的要求。在《恋与制作人》中，许墨便是天才科学家的设定，26 岁便成为脑科学教授，不仅儒雅清俊、气质出众，而且还会“撩妹”，使得很多玩家心甘情愿成为“许太太”。

霸道总裁的角色，在乙女游戏中也是炙手可热的角色设定，《恋与制作人》中李泽言一角更是引得玩家们纷纷为其买下深圳高楼广告牌为其庆祝生日。在《被囚禁的掌心》中，尽管与男主角的互动是在他“失忆”的状态下，但他“失忆”前的身份设定为富家子弟。

第二，恋爱对象外貌幻想。

设计者在刻画乙女游戏男性角色时，需要考量女性审美的诸多需求。

不少乙女游戏会放置男性角色半裸上身的图绘，如《恋与制作人》中四位男主角裸露上半身的卡牌，《被囚禁的掌心》里男主角“出浴”的“香艳画面”等。这些作为可攻略对象的男性角色大都高挑挺拔，身材健硕有肌肉，在颜值方面亦无可挑剔。像《被囚禁的掌心》中的晴人一角，五官精美线条柔和，而葵顶着“艺术家”的飘飘长发，面容棱角分明，俊美清冷。

除了五官身材外，男性角色的审美和时尚穿搭也得让玩家们赏心悦目。《恋与制作人》中，白起的风衣、李泽言的领带、许墨的实验室白大褂以及周棋洛的连帽卫衣既有角色性格特点又符合当下女性的审美。

第三，恋爱对象完美性格幻想。

女性对恋爱对象的理想性格期待中，常常包含有责任感、坚强、温柔、霸道、阳光、腹黑、成熟等特点。因为乙女游戏中有不同的男主角，在进行角色设定时，这些特点会不同程度地体现在人物身上，比如，《恋与制作人》中的周棋洛阳光乐观，温暖且坚定，会在女主角失意的时候用各种办法哄女主角开心；在《遇见逆水寒》中，方应看心思沉敏，性情孤傲却又难掩情深。多种性格综合设定为女性玩家们提供了丰富的选择机会,满足她们关于恋爱的种种幻想。

(二)乙女游戏的动态体验

1.多种互动方式模拟真实恋爱

第一,仿真交流工具互动。

作为恋爱经营游戏,乙女游戏的角色互动方式可谓丰富多样。随着科技的发展,智能手机的普及,以往乙女游戏中未曾出现的互动方式在近几年的乙女游戏中成为角色互动时不可缺少的重要内容。

在《恋与制作人》中,玩家可通过卡牌或完成每日的任务来获得男主角的朋友圈、短信和电话,从而提升角色好感度以解锁约会。在游戏内的“手机”中,玩家可以回复四位男主角的朋友圈,他们也会针对玩家回复内容的选项做出相应的回复。此外,短信互动也是与男主角感情交流、升温的重要工具。

在《被囚禁的掌心》中,玩家可以通过手机短信与攻略角色进行短信交流。有趣的是,在《被囚禁的掌心》里,屏幕外的玩家可以“监视”男主角的日常生活,并通过肢体在手机屏幕上的触动与其互动,用自己的选择去引导游戏中的交流。

将游戏背景设定在北宋时期的《遇见逆水寒》为了实现玩家与攻略角色的交流互动,在游戏中的每个关键节点,玩家都可以收到角色寄来的书信,这些书信的获取与角色好感度紧密相关。甜言蜜语和溢满关切的书信,被配音演员们演绎得恰如其分,给玩家营造出浪漫的氛围。

第二,亲昵称呼互动。

在乙女游戏中,通常玩家所扮演的角色就是女主角,女主角的名字由玩家自己命名。为了增强游戏的代入感,绝大多数玩家会选择使用自己的名字或昵称。在与攻略的角色约会时,所攻略的男性角色便会根据玩家设定的昵称对玩家做出相应的称呼。

《遇见易水寒》在游戏初始时,会要求玩家设定两个名字,一个是普通的

“大名”,另一个则是关系亲密的人称呼的“爱称”。在与游戏角色互动时,玩家可以选择称呼方式,比如在与《被囚禁的掌心》中的角色晴人互动时,玩家对其的称呼有“晴人先生”“晴人”“晴”“小晴晴”等。随着与角色的互动频率变化,玩家有更改对方称呼的机会。在初识之时,可能倾向于偏保守、礼貌的称呼,到了后期暧昧阶段,可能会选择亲昵的称呼,从而营造出一种具有真实性的互动效果。

第三,模拟现实场景互动。

乙女游戏为了增强恋爱的真实感,会尽可能多地设置现实性的场景,为玩家和攻略角色提供互动机会。这些场景依托剧情和人物性格设定,具有明显的风格化特征和现实特点。

在《被囚禁的掌心》中,玩家与角色的会面是在看护所进行的。玩家在与角色会面之前,需要提前进行预约操作。在会面的过程中,玩家可以通过敲击屏幕的动作来唤醒正在走神的角色。

在《恋与制作人》中,游戏设置“他的房间”,玩家可以选择到自己心仪的角色房间中与男主角互动。在男主角的房间里,有很多玩家与男主角的恋爱细节,比如 iPad 上的二人合影,角落里男主角为玩家写到一半的歌词。玩家可以与男主角在房间中一起窝在沙发上、抓娃娃、体验枕头大战等现实恋爱场景。玩家还可以向角色赠送礼物来改变角色的心情,与现实恋爱一样,如果玩家送错了礼物,男主角会变得不开心。

2.暧昧情话攻击玩家少女心

因为强调恋爱体验,乙女游戏的语言充斥着恋爱中的承诺和甜蜜的气息。游戏中男主角的约定与承诺,在无意中就会激起玩家的少女心。无论是《命运九重奏》中,市之濑千里的“对不起!让你孤独一个人”,还是《恋与制作人》中白起的“只要你在风里,就是在我的怀里”,都满满渗透着暧昧和体贴。相较于现实生活中时常面对的不解风情的男性,游戏中时不时向玩家进行甜蜜情话攻击的男主角们颇能轻松俘获玩家的芳心。

游戏剧情中，渲染剧情气氛的文字描述将玩家拉入恋爱场景，在男主角有意无意的浪漫情话和无微不至的嘘寒问暖中，不少女性玩家将其视作恋爱过程中的承诺与保证，“你会过得越来越好，会勇敢快乐，会遇到爱和温暖；我还知道，我会一直陪着你”。这种在游戏中获取的体贴与关怀时不时地击中玩家心中的需求。

近年不少乙女游戏还推出了 ASMR① 内容，这些内容主要依靠角色配音来完成，通常是没有画面只有音频。在这一部分，玩家在体验时可以感受到男性角色在自己身边轻声说话，在“你”身体不舒服的时候悉心照料，在睡前为“你”读故事，给“你”做按摩，帮“你”洗头，等等。在这种环绕式音频中，男主角较平日更温柔更加真实。在这样的温柔中，女性玩家很容易沉沦。

在女性向游戏的玩家中，不乏缺少恋爱经验的玩家。对于现实生活中与异性的互动，她们可能胆怯害羞，不知如何与心仪的对象进行沟通。个别乙女游戏借男主角与玩家的互动，展示着现实生活中大多数男性的恋爱心理和一些日常生活状态，为现实生活中那些羞涩的玩家提供了解异性的机会。在《被囚禁的掌心》中，玩家与角色的通信话题，如“喜欢上的瞬间”“会主动说出心事”“理想的恋爱”等都或多或少地包含着恋爱技巧。

二、BL 游戏

与乙女游戏不同，BL 游戏的主角是男性，由女性玩家操纵剧情，促成男性角色之间形成恋爱关系。由于游戏内容的限制，我国目前自主制作发售的 BL 游戏数量相当有限，国内当前的 BL 游戏主要是日本 BL 游戏汉化而来的。

---

① ASMR (autonomous sensory meridian response)，意为“自发性知觉经络反应”，是一个用于描述感知现象的新词，其特征是：利用视觉、听觉、触觉、嗅觉或者感知上的刺激而使人在颅内、头皮、背部或身体其他部分产生一种独特的、令人愉悦的刺激感。ASMR [EB/OL].[2019-07-16].https://baike.baidu.com/item/ASMR/10059144? fr=aladdin.

相较于乙女游戏直接的恋爱经营,BL游戏初始剧情中的人物关系往往是朦胧的,在随后的剧情发展中更为注重心理和情感变化、情节和人物形象刻画。BL游戏的受众对游戏中男性和男性之间的感情设定要求是唯美且纯粹的,尽管BL游戏中的剧情设定常常涉及黑社会、凶杀案、职场竞争等内容,并且大多数都会涉及“R-18”①内容。但这些看似繁杂揪心的剧情设定与玩家所要求的男性之间的纯粹感情并不构成冲突。

BL游戏在剧情上更偏向悬疑暗黑,这一点与乙女游戏的甜美画风相区分。BL游戏在剧情结局的设定上往往是复杂多样的,绝大多数都属于多结局游戏,玩家在游戏过程中不同的选择会综合起来产生不同的结局走向。

(一)以文字冒险类游戏为主

BL游戏目前在形式上以文字冒险类游戏为主,角色扮演和养成式等形式占少数。从整体上看,BL游戏是耽美小说发展的另一个形式,以文字剧情为主要依托,辅之以画面画像和动画动作渲染情节、气氛,在背景音乐烘托和配音演员为角色配音的情况下推动剧情的发展。玩家通过文字选择、互动影响剧情走向,可以看作是由玩家参与主动影响剧情走向的“电子小说”。在BL游戏中,文字和画面是游戏的主要构成。

文字冒险类游戏是BL游戏的主要门类,故而在BL游戏当中,剧情是游戏中最具吸引力的。强大的剧情构造会吸引众多的游戏玩家,2007年发行的经典BL游戏《鬼畜眼镜》至今仍被BL游戏玩家称赞。在这个游戏中,男主角佐伯克哉本是职场小透明,普普通通甚至有些软弱和自卑,但戴上游戏道具中的“眼镜”之后,他就会瞬间气场强大,所向披靡。这种前后的反差,使得他表现出不同的风格特征和性格特点,显得十分“鬼畜”。玩家在游戏里需要替主角选择他在与其他角色的相处中,以及在不同的场合是否佩戴眼镜来改变角

① R-18是一种分级制度,用于包含比较深度的性、暴力、恐怖、青少年可能会模仿的不良行为等内容的作品中。

色,从而影响剧情的走向。

(二)多种剧情类型塑造男男感情

1.攻受角色设定多样

BL 游戏作为耽美小说的变体形式,在游戏角色的性别属性设定中,其实与一般的耽美文学风格别无二致。在 BL 游戏中,女性角色并不作为恋爱和攻略对象;为了表现与传统的男女性别模式的区别,在男性与男性之间的角色设定中,是用攻受来做区分的。一般来讲,在男男关系中的“攻”是性爱关系中的施动方,“受”则是性爱关系中的接收方。游戏通常不会明确界定角色的“攻受”属性,多由玩家在游戏中自行判断。

如今的 BL 游戏中角色攻受设计多种多样,在“受”中,演化出了相对来说强硬一些的霸王受、口是心非的傲娇受、强气受、腹黑受等。在“攻”中,有面貌清秀的奶油攻、幼稚爽朗的无邪气攻、笨拙攻、鬼畜攻等。攻与受的搭配也不仅仅是强攻弱受的近似于男女关系的传统搭配,像强攻强受、弱攻强受、弱攻弱受都是 BL 游戏中常见的搭配。

2.全年龄向与年龄限制内容并行

BL 游戏作为恋爱游戏,区别于乙女游戏甜美的画风和主要针对少女的群体对象,BL 游戏在剧情中常常含有许多少儿不宜的血腥暴力场面和性行为内容。一般情况下,在 BL 游戏的搜索和下载中,玩家会看到游戏的年龄标注。全年龄向的 BL 游戏总体是居于少数的,全年龄向 BL 游戏也就是清水向,意思是像清水一样透彻,不会含有血腥、暴力、性行为等不适合少儿群体观看和体验的内容。

在全年龄清水向的作品中,2003 年发行的《花归葬》便是代表之一。主角是一名 22 岁的男性,性格温厚老实,但在游戏情节初始时丧失记忆。游戏情节中设有 7 个国家,主角在游戏中背负有毁灭世界的任务,于是心怀愧疚,盼望着有朝一日自己能被救世主杀死。玩家在游戏中,操纵主角玄东,助他在情节关键处做出选择,最终引向不同的结局。《花归葬》中一共设有14个结局,但剧情架构偏于虐心,即便最后得到了大团圆结局也会感觉剧情凄美。

拥有年龄限制内容的BL游戏是这类游戏中常见的类别,这些年龄限制的内容常常与性行为相关。在BL游戏中,"性"是作为重要且多见的内容出现的,甚至不乏标有调教、虐待、变态等标记的剧情内容。"鬼畜眼镜"系列就是BL游戏中的经典18禁游戏,里面包含有大量的性暴力与性调教内容。相较于小说的文字描述,BL游戏在剧情和画面上向玩家提供了相关的视觉刺激,男性角色之间的亲吻与爱抚画面以及各种直观的性场面是BL游戏的重要内容,同时也是玩家对现实生活中难以实现的爱与欲的寄托。

3.倾向于悬疑、暗黑的剧情走向

与乙女游戏甜美清新的纯粹恋爱不同,BL游戏的剧情总是比乙女游戏的剧情更为沉重和深刻。为了展现男男之间至纯至净的感情,BL游戏剧情会设定得更为纠结和波折,以突出主角的心理变化和角色间感情的微妙走向。

BL游戏中的角色较乙女游戏中的角色而言,他们需要更多的磨难来展现纯粹唯美的感情。出于这种目的,BL游戏剧情多会选择一些惊险刺激的内容。悬疑恐怖是常见的背景,压抑心酸的环境是主角成长与邂逅的关键条件。在经典BL游戏《鬼畜眼镜》中,主角佐伯克哉身处残酷职场,所在部门在公司中岌岌可危,日渐自闭的男主角需要不断地克服心理压力来提升自己部门的声望,还要带动整个部门取得良好业绩来提升其在公司中的地位。主角佐伯克哉在选择戴上游戏中的眼镜之后,各方面能力迅速提升,在职场中所向披靡,这种瞬间开金手指的剧情设定使得现实中被压抑的玩家心中十分畅快。

2006年发售的*Lamento*:*Beyond the Void*也是BL游戏中的一款18禁游戏。游戏的剧情设定偏向悬疑,男主角柯诺尔所生活的地方正陷入一种死亡危机,各种动植物都纷纷死亡。由于缺少粮食,大家便将目光转向肉,通过"活祭”的形式，用猫来填饱其他的猫。在这样的危急时刻，男主角的身体突然发生变化，被大家视作异类，是不祥的象征。迫于无奈，男主角踏上了搜寻真相的冒险之旅，邂逅了三位性格迥异的可攻略对象，在惊险刺激的旅行中渐生情愫。

2011 年发售的 BL 游戏《神学校-Noli me tangere》增添了恐怖元素，将女性向游戏中的萌点与男性化恐怖因素相结合。游戏剧情以“二战”后的英国为背景，主人公麦克尔·列维是神学院优秀的年级监督生，他出生于牧师家庭。他的家庭在某年的圣诞节遭遇意外，父母妹妹被大火烧死，此后，他以往对于神的向往变成了空妄，逐渐魔化的主角转变自己起初对于宗教的虔诚，恶魔化地去触碰禁忌。在这个过程中，主角不断邂逅可攻略的对象，一开始可以攻略的角色为雷昂尼德、尼尔和塞西尔三人，当这三人的美满结局全部出现后，可以解锁第四人的线路；等第四人的美满结局完成后，才会开放最后一人的线路。

（三）小说动漫作品的同人游戏内容

“同人”一词在日文中是“相关”的意思。“同人小说”即从某些人熟悉的故事、人物中衍生出来的文学作品。BL 同人游戏也就是从小说、动漫衍生出来的相关游戏。部分 BL 游戏将在 BL 小说、动漫等作品中难以获取的参与式的互动体验转移到 BL 游戏中，并通过 BL 同人游戏对已有的内容进行扩充，实现在小说、动漫作品中未能得到的满足。

《今天开始做魔王》最早是日本小说家乔林知创作的系列轻小说，讲述的故事是，一位平凡的男生涉谷有利意外地被马桶冲进了异世界，在异世界中，他被认成真魔国的国王，与身边四位美男子一起经历一些啼笑皆非的冒险故事，最终达成美满结局。小说先是被改编成动画作品，随后，官方又发行了电脑版游戏，名为《樱花绚烂》的同人游戏开始发行。

同样是由小说、动漫发展而来的 BL 同人游戏还有自日本日升动画制作

的 *Tiger & Bunny* 改编而来的《暴欲之最强音》和《忘却的 38》。如同它们的题目，讲述的故事是关于老虎和兔子这两种看上去相差悬殊的动物，实际上在剧情中，是具有超级能力的“虎叔”和“兔哥”。游戏将剧情中的超能力追捕剧情弱化，突出恋爱元素。BL 同人游戏一般会采用传统的情景对话文字冒险形式，同时会设定多个人物支线，通过支线对小说或动漫中的剧情作出不一样的解读和补充。与一般的 BL 游戏相比，BL 同人游戏作品常常是没有声优为角色配音的，但是游戏的画风和制作水准并不见得就会逊色。

三、育成游戏

育成游戏主要是模拟养成类游戏，玩家通过对游戏中的角色对象(人物或动物)进行培养，使其完成游戏中的任务或取得收获。育成游戏分类较多，如偶像角色育成游戏、模拟经营类育成游戏以及放置类育成游戏等。我国知名女性向游戏制作公司苏州叠纸网络科技股份有限公司最早便是依靠制作育成游戏“暖暖系列”进入玩家视野的。

育成游戏与乙女游戏、BL 游戏不同。在乙女游戏与 BL 游戏中，恋爱元素是主要成分，而育成游戏主要注重角色的培育养成，有包含恋爱要素的养成游戏，但这种恋爱要素与纯恋爱游戏比较起来，在游戏中的互动方式和游戏整体要素构成中的比重都极为不同，故不能将其归为乙女游戏或 BL 游戏。在育成游戏中，玩家与角色的关系塑造较剧情设定更为突出。

不同类型的育成游戏在剧情和操作中都会呈现出不同的姿态。育成游戏在某种程度上可以被看作是一种圆梦游戏，因为在现实生活中存在诸多难以实现的梦想，玩家将这种在现实中不敢做或者没有能力做的、无法实现的“白日梦”寄托在游戏中，通过育成类游戏中的角色塑造或者关系培育等来实现“完美梦境”。

（一）偶像角色育成游戏

1.情节设定

最早的育成游戏便是角色养成类的育成游戏。在此类游戏中，剧情仍旧是游戏要强调的部分。常见的育成游戏剧情类型如偶像培育类、帝后角色培育等。在这些游戏中，玩家基本上都是在扮演家长的角色，游戏中培育的人物角色就如同玩家的孩子，孩子成长的每一步走向都由玩家来操纵。

偶像培育类剧情的游戏如台湾大宇资讯在 1995 年发行的“明星志愿”系列，这一系列的最初，玩家作为演艺公司经理来培养艺人，实现自己的工作目标，进而体验诸多游戏中的日常趣事；在后面的系列中，玩家角色从经纪人直接变为艺人，在游戏中实现大多数女性玩家在幼时拥有却未能实现的明星梦。

帝后角色培育，顾名思义，这类剧情通常就是古代的皇帝皇后角色培育。如《皇帝成长计划》与《皇后成长计划》，玩家经过游戏设定的诸多事件的磨炼和对皇帝皇后日常的培育，塑造出玩家心目中想要达成的帝后形象，最终为游戏中皇帝或皇后的人生谋出不同的结局。

2.游戏互动

育成游戏的互动与乙女游戏、BL 游戏的互动有很大不同，除了常见的通过文字选择影响剧情的文字冒险形式外，育成游戏主要是通过技能特征的数据大小形成互动。育成游戏通常会将现实生活中难以量化显示的特点通过数值表现出来，用数值大小表现能力的强弱。

在角色育成类游戏中，角色通常会被设定为拥有外貌、智慧、勇气、体力、武力、魅力诸如此类的特点，这些特点都被赋予一定的原始数值。在玩家进行游戏的过程中，玩家的每一个选择都会促成这些数值的增减，从而影响角色的技能与属性。这些数值的大小塑造出的角色特点在一定程度上类似于现实生活中人们的性格特点，数值的大小规定和限制了角色的行动类型和行动方式，在游戏中对剧情的走向和最终的结局造成影响。

除却在情节中的选择外，角色养成类游戏中通常会设有“学习机构”，比如在包含宫廷剧情的游戏里，角色的技能获取及增强可以依靠“上书房”这样的设定，玩家选择让角色进入“上书房”，在“上书房”完成某项既定的任务便可以增强智慧值或者武力值。

（二）模拟经营类育成游戏

模拟经营类育成游戏严格来说所包含的内容不仅仅是针对女性，除却具有明显的女性向特征的游戏外，其余的模拟经营类游戏几乎均是针对男女全体玩家的。

在剧情内容上，模拟经营类游戏的剧情范围较广，通常各种题材类型均有涉及。在这些游戏的剧情类型中，常见的有模拟商业经营、模拟人生成长、模拟城市建设等，而具有明显女性向特征的模拟经营类游戏大多是换装化妆类。

一般的模拟经营类育成游戏，在互动设计里会增添许多谋略要素，这与角色养成中帝后养成有极大的相似性，因为游戏中涉及的“国家”的运作、“城市”的发展和“店铺”的运营都需要玩家在游戏中对如何建设和构造自己的“王国”有较为明晰的规划。玩家在游戏中可以白手起家，亲自打造并经营自己的“世界”。

在模拟经营类育成游戏里，玩家如同坐拥江山的皇帝，对游戏中的疆域进行规划，也能像老板一样优化公司运营来获取利益，诸多在现实生活中难以实现和满足的“抱负”在游戏中得以施展并获取相应的成就。在有明显女性向特征的模拟经营类育成游戏中，常常以此为模板，在此基础上增添少女元素。比如在《萌猫物语》中，玩家作为女主角，日常经营一家甜品店，同时还要养育宠物猫，游戏中玩家养育的宠物猫会随着玩家的养育和经营演化成人形，不同品种的宠物猫幻化成不同类型的美少年，玩家可以选择与不同类型的猫咪互动，也可以与不同类型的美少年约会。同时，玩家可以根据自己的喜好为幻化成人形的猫咪换上不同样式的服装，搭配出不同风格的造型。

一般具有明显女性向的模拟经营类育成游戏都会设有类似的服饰搭配以及萌系宠物元素，恋爱元素有时也是增添其吸引力的重要成分，只是相较于乙女游戏和 BL 游戏中的纯恋爱元素，在模拟经营类育成游戏中，恋爱部分不能够主导主线发展，即便在恋爱部分中没能达成美满的恋爱结局，也不会影响游戏整体的进程，更不会通过恋爱部分的结局来判断游戏整体的成败输赢。比如在《奇迹暖暖》这类换装游戏里，角色的升级以及游戏关卡的通过与否主要是通过服装的变化升级而非与男性角色的关系变化来决定的。

2018 年较火的模拟经营类养成游戏如《中国式家长》，将背景设定在普通的中国家庭，玩家在游戏中从躺在婴儿床里的婴儿开始培养，比如，选择是否拍手，何时开始学说话、学走路获取基础的技能点；角色随着年龄的增长，会逐渐解锁“面子”功能，这个现实的功能使得所培养的角色可以选择学习钢琴、美术等，提升角色各方面的能力。角色的成长也会如同一般人在现实生活中的成长一样，早恋、成绩、辅导班等都是在游戏中玩家需要考虑的内容。玩家在游戏中的不同培养方式会对游戏角色的性格造成不同的影响。游戏一共设有富豪、巨星、教师等 82 种角色结局。这种在游戏中模拟人生不同走向和结局的体验能使玩家有所反思或感悟。

（三）放置类育成游戏

放置类育成游戏是操作最为简单的一类育成游戏，这类游戏不同于模拟经营的谋略策划，也不需要角色养成的技能培育，只需要将游戏放置在那里，系统就会根据一系列算法公式自动运行来产生种种游戏结果。这种算法原理与数学中的抽屉原理相类似。这一原理是说，将十个苹果放置到九个抽屉中，必然会有一个抽屉内放有两个苹果。放置类游戏便是将不同的游戏结果看作“苹果”，然后将结果和各种产生这些结果的条件组合，根据一定的规则将结果呈现出来，使得玩家在“翻抽屉”的过程中获取不一样的“苹果”。

放置类育成游戏的典型代表作有《旅行青蛙》和《猫咪后院》。作为女性向游戏的代表，这类游戏首先通过清新可爱的画风吸引玩家，其次放置就能有所收获的操作使得不常玩操作类游戏的女性玩家亦能轻松上手。猫咪、青蛙等众多萌萌的动物形象让女性玩家们欲罢不能。没有耗时的操作，也不需要过多的感情投入就可以获取一定的成果，一些不常玩游戏的玩家也因此愿意去尝试此类游戏，体验一种随性随缘的佛系状态。

在2018年年初，《旅行青蛙》在网上引起一阵轰动，众多玩家在网络中呼喊："我的蛙儿子什么时候回来啊?"游戏中，作为青蛙"老母亲"的玩家只需要为青蛙提供食物道具，在有"蛙儿子"的同伴串门的时候做好接待，无事时收割三叶草，等待着去旅行的"蛙儿子"寄回照片和旅行地的特产就可以了。

《猫咪后院》也是一样的原理，在游戏中，一共有45只不同颜色不同品种的猫咪，这些猫咪会到游戏中玩家的院子里来串门儿。串门儿过后，它们会被收集到玩家的记录册中，同时给玩家留下它们的"小鱼干"。这些"小鱼干"可以让玩家在游戏中兑换不同的道具。拥有了不同的道具之后，玩家一方面可以扩建自己的院子吸引更多的猫咪，另一方面，玩家可以通过特殊的道具来吸引特殊的、相对来说难以出现的"稀世"猫咪。

在育成游戏，尤其是养成类和经营类游戏中，玩家需要对自己培育的角色以及经营的"王国"进行规划。在何时选取何种培养/经营方式来实现自己的培养/经营目标是玩家在游戏中需要思考的问题。游戏中，培育与经营对象被赋予特点数值，特点数值根据玩家的操作进行增减，对角色的呈现和走向产生影响。如果在角色培育中，玩家注重"美貌值"而忽视"智慧值"，便可能导致所培养的角色空有外表，最终无法实现"完美结局"。这种操作与设定在无形中对玩家建立明确的规划、培养长远的眼光有一定的作用。

第三节　女性向游戏背后的玩家心理与发展前瞻

一、女性向游戏玩家心理与社会现实

(一)脱单困境下的"超现实"恋爱体验

《中国统计年鉴2017》显示,2016年,我国的单身人口数量达到2.4亿,参照国外比例,未来将会达到4亿。《华尔街日报》也指出,中国正在成为"单身之国"。当前,国内优秀女性数量不断上升,大家的择偶标准整体上也在不断提高。

同时,随着年龄的增长,恋爱成本不断增加,人们对于开始一段不确定的感情越来越抗拒。越来越少的人选择毫无保留地投入一段没有结果的感情。她们更倾向于选择做一些能提升自己价值的事情,宁愿将时间和精力放到自己愿意做的事情中。

此外,那些"母胎单身"、长期单身的人反而在"脱单"一事中变得更为困难,因为长期单身在无意识中形成了一种"单身舒适圈",这一舒适圈使得她们习惯性地抗拒可能打破"单身"这种舒适状态的行为。2018年的网络热词"自杀式单身",就是形容一直单身又不主动扩展社交范围去认识新朋友,却每天幻想着能拥有爱情的行为。部分人一方面渴求着社会交往,另一方面却又不肯主动出击,故而单身的人只能一直"单"着。

另外,由于长期的单身,人在处理亲密关系方面的能力会有变弱的可能。恋爱关系是一种需要经营的关系,越来越多的人在精神上十分独立,降低了对于现实中恋爱的需求,希望借助游戏来体验理想中的恋爱。

在女性向游戏中,恋爱元素是最主要、最常见的元素。在女性向游戏的三大类型中,乙女游戏与BL游戏都是恋爱类游戏,而在育成游戏中,亦不乏恋

爱元素。在女性向游戏中，剧情类型的设定多种多样，既有倾向于古风的穿越式恋爱，也有偏向于科幻的超能力式恋爱。尽管这些剧情背景看似荒谬不真实，但在恋爱体验方面，这些游戏都会努力还原现实生活中的恋爱模式。《恋与制作人》便是在超能力背景下打造的“超现实恋爱”游戏。女性向游戏的这种“超现实恋爱”，把女性玩家心目中的白马王子转化为可互动的恋爱对象，恰恰满足了那些在现实生活中难以觅得理想恋爱体验的单身玩家，使她们在游戏中得以释放与排解。

“你去脱单吧，我有白起就够了。”①尽管游戏中这种“超现实”的恋爱体验是虚拟的恋爱，但游戏玩家与角色互动时，其情感投入程度与她们和亲密他人交往时相似。② 互动中存在的可沉浸的体验，使得玩家与游戏角色之间形成了一种虽脱离现实却又迎合了心理需求的准社会交往的关系。

“完美”的优质男性和“超现实”的恋爱体验一方面缓解了人们的现实恋爱需求，另一方面又规避了恋爱关系中的种种矛盾和麻烦。越来越多的人更愿意保持精神上的独立自主，疲于恋爱关系的维持，而乙女游戏却恰恰为玩家们提供了“完美”的恋爱平台。

（二）BL游戏背后的“腐女”群体心理

BL游戏是代表耽美文化而存在的。BL游戏作为耽美文化的一部分，所呈现的性别设定、模式类型，与耽美文化中的其他类型作品有共通之处。BL游戏中的爱情塑造和体验，实质上是“腐女”群体心理诉求的表达。“腐女”群体，尽管一直以来，都存在被误解的成分，但实际上，“腐女”群体的存在，某种层面上更能体现女性的一些追求与意识。

---

① KnowYourself.“你去脱单吧，我有白起就够了”|关于脱单的3个误区和3点建议[EB/OL].(2018-01-11)[2019-07-28].https://m.sohu.com/215882920-643443.

② 魏华，周宗奎，牛更枫，等. 定制、角色依恋和网络游戏忠诚的关系研究[J].心理科学，2014，37(2)：420-424.

李银河在研究和分析“腐女”群体时，总结出五种可能的心理，分别是防御心理、嫉妒心理、反抗心理、爱美心理和社会对性的双重标准。

针对BL游戏中，大量的甚至不可避免的性行为内容，女性的防御心理是首要的一种心理。这种心理与传统的思想和教育有关。在一些教育中，人们对男女之事羞于启齿，如此一来，人们对于“性”产生偏见，认为这是见不得人的，无法摆在台面上说的事情。这类人认为，男性提“性”无可厚非，但女性对“性”向往便是淫荡的，是负面的。这种男女之间的羞耻在群体中转移。女孩子们将这种异性之间的羞耻转移向同性，尤其男性与男性之间，因为男性与男性之间的这种关系是相对于男女关系和女女关系中距离女孩子们最远的，这使得她们可以保持旁观的姿态，免受指责。

强盛的嫉妒心理使“腐女”群体更钟爱BL内容，不喜欢描述男女关系的“BG”[①]内容。就如同在追星时，女性对自己喜爱的男明星，出于嫉妒心理，她们通常无法接受自己喜欢的男明星与某位女性公开恋情，但如果这位男星是同性恋，她们心理就会平衡很多，因为与她同为女性的全体女性都与她一样，无法拥有这位自己喜爱的男明星。同时，在阅读或体验“BG”内容时，常常会不可避免地遇到女性角色设定过于“傻白甜”的情况，她们会觉得“这个样子怎么配得上我的男主?!”这种并不愉悦的“BG”体验，也使她们宁愿选择BL内容。

反抗心理是耽美文化中最能反映女性进步的心理。在“腐女”群体中，她们所迷恋的爱情，是没有男女性别区分的。在这种感情里，二人之间不存在像男性与女性之间生育带来的不平衡性，感情里的双方是平等的。尤其是在攻受角色设定中“强攻强受”的组合，双方都有强大的能力，在伴侣搭配与互动中，为玩家营造一种“强强联手”的痛快体验。这些都在一定程度上反映出女

---

① “BG”即“boy and girl”，指异性恋男女关系，也叫“男女向”。

性对于自己地位、能力提升的希望与意愿。

爱美心理使得耽美文化得以存在。耽美本就是唯美的意思。BL游戏中的男性角色虽不是为女性玩家设计的配偶形象，但俊美的五官和优秀的身材依然是游戏中画像的标准。人们对于美的共识是普遍存在的，对于好看的事物，总是乐意多看两眼，无论是动物、植物还是人类。妙龄女子都爱美貌少年郎，即便不能拥有，但当作艺术品观赏也能赏心悦目。

社会中存在对性的双重标准，男性对于性相对较为宽容，而女性对于性则较为压抑。同样是同性之间的感情，女性更倾向于男男，而少有男性会热衷于女性与女性的百合。男性观看女性的图片和视频、影视作品被视为正常现象，而女性却因羞耻只好选择转向耽美。

女性玩家难以在现实恋爱中感受没有性别差别的爱，她们渴望打破这种性别观念的禁锢和性别关系中的不平衡，于是将对唯美感情的追求和女性地位上升的诉求寄托于游戏中，在游戏中让自己纵情。

(三)游戏中的"白日梦"与自我重塑

对于玩游戏的动机，西方学者理查德·巴特曾经把游戏玩家分为"成就者""社交者""探索者"和"杀戮者"。在女性向游戏中，不论是模拟经营类还是恋爱、养成类，玩家在这些游戏中，都可被看作"成就者"类。玩家们对于恋爱达成、美貌、地位等的构想在游戏中可以轻松实现。养成类游戏被看作是"圆梦游戏"，而在恋爱游戏中，被白马王子宠爱的甜蜜剧情也是不少玩家"梦"的一部分。玩家在游戏中所构建的形象、所达成的成就都是玩家的自我构建与现实寄托，是玩家们对现实中压抑的自我的释放与重构。

以弗洛伊德为代表的心理分析学派认为，游戏在个体情绪的发展中扮演着重要的角色。游戏者可以借游戏来满足其内在的一些生物性与本能性冲动。女性向游戏为女性创造了实现和满足这些冲动的条件。在乙女游戏里，女性玩家将自己的情感注入与男性角色的互动中，满足自己的恋爱欲望；在

BL游戏里,玩家将自己对纯爱的执着寄托到男男的互动中,实现自己对唯美感情的向往;在育成游戏里,玩家将自己难以具备却想要拥有的才智、魅力等技能放置于培养角色的成长中,用自己的意愿培育出一个理想中的"自己"。

在女性向游戏中,玩家在现实生活中难以实现的"白日梦",都可以在一定程度上得到满足。尤其是在育成游戏中,更能重塑自我形象。在换装化妆游戏里,角色的服饰道具可能正是玩家在现实中中意许久却未能拿下的款式;模拟商铺或城市中的经营与管理可能正是玩家在现实中未曾尝试、难以实现的运营理念等。

2018年"女性生活蓝皮书"《中国女性生活状况报告No.12(2018)》显示,在被调查女性中,有96.8%表示能够感受到生活的压力,同时需要进行日常的情绪管理。[①] 在游戏中,女性玩家不需要维持现实生活中的形象,也不需要承受现实生活中的压力,可以与心仪的男主角体验甜蜜恋爱,将游戏里的"儿子""女儿"塑造成理想形态。在没有争吵、没有矛盾、一切顺心顺意的游戏世界里,玩家不用耗费现实生活中的精力和苦力去获取成就,她们轻松地按照自己的意愿去塑造想象中的画面,培育出一个理想中的"自己"。

戈夫曼在其拟剧理论中,提出了"前台"和"后台"两个概念。在前台,人们向他人展示的是希望别人看到的状态,而在后台,是人们本身的、放松的、真实的状态。在游戏中,匿名会给玩家提供足够安全的后台,将自己真实的状态架构到游戏中,对现实生活中(前台)压抑的自己进行释放与重构。

女性玩家在育成游戏中一方面体验主角的故事,另一方面将自己的渴望与观念假托到游戏中,在获取全新体验的同时完成现实中难以实现的渴望。

二、游戏衍生品及女性群体强大的消费能力

女性向游戏本身作为一类文化产品的同时,还具有商业属性,在游戏本体

① 高博燕.中国女性生活状况报告No.12(2018)[R].北京:社会科学文献出版社,2018.

的发展过程中会形成自己独特的文化品牌，进而衍生出游戏的附属品，这类附属品还包括为了推动游戏发展而形成的其他行业产品。

最早光荣公司在发售“安琪莉可”系列游戏的同时，还推出了同一系列的广播剧内容，随后游戏中的原声音乐也制作成CD公开发售，拓宽了仅游戏本身的单线消费。

2000年左右，女性向游戏发展进入百花齐放阶段，关于女性向游戏的杂志问世。2002年*B's-LOG*、2003年《电击Girl's Style》相继创刊，以沉迷女性向游戏的玩家为目标群体，内容包括介绍游戏系统、提供游戏攻略，有的甚至附赠角色海报，进行游戏声优的专访，等等。除此之外，游戏厂商十分重视游戏周边、手办，成功地吸引玩家拉动消费，使得游戏中的虚拟人物与道具走入现实世界，从而让玩家的游戏体验更接近生活。

游戏IP在游戏发展中成为重要的衍生物。一般而言，如果一款游戏发行后引起了较强烈的反响，往往会在不久后推出与游戏相关的小说、漫画甚至影视作品。国产女性向游戏《梦间集》在2018年3月27日的完美世界品牌发布会中透露，《梦间集》会向小说、漫画、动画等其他文娱领域延展，逐步扩大IP产业链。小说选择在网络上进行连载，并由网络知名写手主笔，通过游戏中的主角视角重新展开游戏中的故事，而《梦间集》漫画将由十字星出品、人气画手禛一主笔，在腾讯动漫进行连载，至于动画部分也将联合日本进行创作。

此外，部分游戏还会推出原游戏的衍生游戏，即由原本的一款游戏延伸拓展出其他相关的游戏，背景剧情常常是彼此呼应的。如恋爱游戏《遇见逆水寒》便是由网易原本的《逆水寒》衍生而来的人物相关但又彼此独立的衍生游戏，《逆水寒》中的主要角色在《遇见逆水寒》中变为玩家可攻略的对象，在原本游戏的武侠江湖气息里衍生出了恋爱内容。基于《梦间集》的游戏IP，完美世界推出了《梦间集天鹅座》，这是一款主打恋爱与美食双向的经营手游。《梦间集天鹅座》延续了《梦间集》的画风，游戏男主角还包括《梦间集》中大热的“青莲剑”以及“千丈卷”等角色。

女性向游戏之所以有如此广阔的市场前景，除了游戏自身之外，女性本身的消费能力也是一个重要的原因。相较于男性玩家更习惯于在游戏中寻找娱乐社交，更倾向于多样化、挑战性的游戏操作，女性玩家在游戏中更注重游戏本身的乐趣，对于游戏体验则关注较弱。基于这一点，女性向游戏中的剧情消费、角色获取、卡面消费、服装消费以及声音消费都是女性玩家所属意的消费点。而游戏之外的周边、游戏联名活动、角色代言等与喜爱人物相关的活动几乎都能激起女性玩家的强烈消费欲。

就《恋与制作人》而言，除了游戏内部的剧情推进“氪金”①外，单就生日应援活动，就先有“李太太们”在 2018 年 1 月 13 日，不惜支付 12 万元的播放费在深圳京基 100 大厦的 LED 大屏幕滚动播放“李泽言生日快乐”等文字内容；后有“周太太们”在 2018 年 4 月 9 日角色周棋洛生日时包下美国时代广场大屏，甚至还为他买下了一颗 NASA 小行星的命名权。

中商产业研究院数据显示，仅 2018 上半年，中国游戏市场女性用户消费规模已经达到 243.9 亿元。在“男色消费”盛行的今天，女性玩家的消费能力丝毫不弱于男性玩家。为了解锁一段新的剧情，或者是为了获得心仪角色的“福利”，不少游戏玩家心甘情愿在游戏中进行消费以获得快乐与满足。在游戏官方的线下活动中，女性玩家也往往比男性玩家更为活跃积极。这都为女性向游戏发展创造了条件。

三、新颖的互动方式与拒绝“玛丽苏”的游戏世界观

想要吸引玩家在游戏中进行消费，新颖的互动方式与出色的游戏世界观是一款游戏长期维持良好运营状态最不可少的元素。游戏世界观简单说就是

① 氪金，指游戏中充值消费行为。

游戏所搭建的世界的样貌，它涵盖着游戏剧情背景、内容与角色设定以及游戏世界的运行规则。一款出色的游戏，其世界观设计通常十分严谨。

尽管女性向游戏在多数情况下会被看作单纯的“玛丽苏”[①]剧情的无脑游戏，但事实上，女性向游戏拥有各个年龄段的女性玩家，纯“玛丽苏”的剧情是没有办法满足玩家需求的。极光大数据统计显示，48.8%的女性向手游用户年龄在18岁到25岁之间，其中，有10.5%的女性玩家社交风格为知识青年。这类玩家对于游戏内容(包括剧情、画风、人物设定)及游戏玩法通常都会有较高的要求。单纯的“玛丽苏”“傻白甜”不仅没有办法吸引住玩家，甚至还会遭到玩家的鄙视。

为了满足玩家需求，使游戏能够稳定长久发展，而非短暂火爆，游戏厂商往往尽量避免游戏剧情中出现“傻白甜”“玛丽苏”内容。为了让游戏更为精彩有趣，优秀的女性向游戏的世界观设定常常极具深度和趣味。以《恋与制作人》为例，以“人类进化”作为世界观的框架设定，在游戏恋爱情节中，加入了“红皇后假说”，像“在这个国度中，必须不停地奔跑，才能使你保持在原地”“世界是残酷的角斗场，要么进化，要么淘汰”这样的观念在游戏主线剧情中引导着玩家进行思考。作为游戏剧情中的“queen”，玩家拥有变革的力量，选择变化重生还是选择接受现状面对死亡也是玩家在恋爱之外所要面临的重要选择。

早先发售的游戏《薄樱鬼》凭着精彩的世界观和厚重的历史感制作吸引了诸多玩家，大批玩家在游戏之后为之哭泣、沉沦。它讲述的是在日本幕僚乱世时期，作为女主角的“我”与一群贯彻武士精神的男性产生纠葛，他们甚至为了保护“我”而牺牲的凄惨故事。由于剧情的具体内容与呈现十分精彩且引人注目，在发售期间，该游戏甚至吸引了不少男性玩家。

---

① 玛丽苏，游戏角色设定过于完美，特指角色自恋、自大、脱离现实逻辑。

在剧情世界观之外,游戏的玩法操作也是女性向游戏的重要版块。乙女游戏和 BL 游戏都是以文字冒险游戏为主,在文字之余会设有其他简单操作的养成版块,如卡牌收集、道具升级等。事实上,女性向游戏内容中也会包含益智休闲的操作。乙女游戏《梦王国与沉睡的 100 王子》就在恋爱元素之余增添了益智内容,玩家需要借助消除游戏对"食梦兽"的攻击,拯救沉睡中的王子。

智能手机普及之后,女性向游戏中增加了大量的角色触摸式互动内容,比如在《恋世界》里,玩家可以选择心仪的角色,用手指点击他身体的任意部位,角色会根据玩家触碰的位置作出回应。在玩法互动中别具一格的还有《被囚禁的掌心》,除了触碰唤醒沉睡的男主角之外,玩家的手机还能转化成男主角房间的监控器,玩家通过监控视角对他的生活进行观察、获取话题。在与男主面对面的交谈中,玩家可以通过敲击手机屏幕来唤回走神的男主角,而且男主角还会向玩家提出亲吻、碰额头等亲密动作的请求。有趣的是,这个时候如果玩家用手指代替嘴唇或额头蒙混过关,会被男主角告知"手指可不是嘴唇哦"。不少玩家被这种新奇有趣的互动方式和略带悬疑纠结的剧情内容所吸引,经过一段时间的互动,不少玩家表示自己甚至在游戏结束后产生了强烈的失落感,即便已经结束了但还是不想卸掉游戏,时时点开游戏跟男主角"说说话"。

近几年《恋与制作人》与《恋世界》问世,女性向游戏在国内的发展迈上了一个新台阶,越来越多的游戏厂商开始关注到女性市场。根据易观发布的《中国移动游戏市场年度综合分析 2018》,移动游戏女性用户占 47.6%,且呈现增长态势。女性向游戏在未来游戏市场中蕴含着巨大的潜力。

纵观女性向游戏的发展,大都伴随着女性意识觉醒、追求独立自主以及性别平等。尽管在当前的发展中,女性向游戏仍旧难以完全摆脱男性话语权,但其正在逐步表现着新女性的价值追求。

女性向游戏越来越火爆的今天，众多青年女性倾向在这种虚拟的游戏体验中，在虚拟的环境中释放与重构自己。尽管女性向游戏满足着玩家的多元游戏体验需求，提供着提升恋爱经营能力与远见谋略能力的可能，但游戏行为一旦成为习惯，容易让玩家在现实生活中不思进取，最终形成社会问题。这值得各界的关注与重视。

附录一　关于“中国式逼婚”现象的调查问卷

尊敬的先生/女士,您好。本问卷的目的在于调查青年群体对于“中国式逼婚”现象的体验与想法,研究结果用于学术研究。此次调查问卷以匿名方式填写,问卷的任何信息都将严格保密,您可以放心作答。感谢您的参与!

一、对于“中国式逼婚”的体验与想法调查

1.请问您对于晚婚或不婚的态度是:[单选题]*

完全不接受	○ 1	○ 2	○ 3	○ 4	○ 5	完全接受

2.您的父母对于晚婚或者不婚的态度是:[单选题]*

完全不接受	○ 1	○ 2	○ 3	○ 4	○ 5	完全接受

3.您的父母是否对您进行过“逼婚”行为?(提示:“逼婚”行为是指在你没有明确表示要结婚的情况下,采取特殊手段让你相亲、结婚等)[单选题] *

○是

○否(请跳至第9题)

4.“逼婚”的手段主要是:[多选题]*

□断绝经济来源

□言语威胁

□暴力逼迫

□道德绑架

□其他________________

5. 您认为父母“逼婚”的原因主要有：[多选题] *

□社会舆论压力

□传统观念的影响

□对于家庭稳定的期望

□希望子女幸福稳定

□希望协助抚养孙辈

□其他________________

6. 您对于父母“逼婚”是否一味顺从？[单选题] *

○是

○否

7. 您顺从父母的原因是什么？[多选题] *

□对于父母的经济依赖

□迫于社会舆论压力

□受到传统观念的影响

□自身对于结婚生子的需求

□父母具有较高的话语权

□避免父母受到舆论伤害

□其他________________

8. 您采取过什么方式对“逼婚”进行反抗？[多选题] *

□沉默

□出走

□在社交媒体(微博、微信等)上进行吐槽

□参与“逼婚”话题的讨论

□极端方式(如轻生、断绝亲人关系等)

□其他________________

9.您在吐槽“逼婚”时是否会选择屏蔽父母或设置分组可见？

○是

○否

10. 您对于父母“逼婚”的态度是：[单选题] *

完全不理解	○ 1	○ 2	○ 3	○ 4	○ 5	完全理解

11.您认为“中国式逼婚”是一个社会问题吗？

○是

○不是

二、受访者基本信息

12. 您的性别是：[单选题] *

○男

○女

13. 您的年龄是：[单选题] *

○20 岁以下

○20—25 岁

○26—30 岁

○31—35 岁

○35 岁以上

14. 您的户口所在地是：[单选题] *

○城市户口

○农村户口

15. 您的家庭年收入是：[单选题] *

○50,000 元以下

○50,000 元—100,000 元

○100,000 元—150,000 元

○150,000 元—200,000 元

○200,000 元以上

16. 您的学历是：[单选题] *

○高中及以下

○大专

○本科及以上

17. 您父母的学历是：[单选题] *

○初中及以下

○高中

○大专

○本科及以上

附录二　“中国式逼婚”访谈提纲

1.你能回忆起你的父母最早是什么时候开始“逼婚”的吗？

2.你父母对你进行“逼婚”的时候，你的内心想法是什么？

3.你认为父母对你“逼婚”的原因是什么？

4.你觉得这些原因有哪些是你可以理解的，哪些是不能够理解的呢？

5.你认为你们在这个问题上产生矛盾的主要原因是什么？

6.你是否曾经顺从父母参加他们安排的相亲活动，或者被迫将自己的联系方式给相亲对象呢？

7.你觉得父母的“逼婚”是否影响了你们之间的感情？

8.你是否对此做出过反抗？取得什么成效了吗？你觉得这个问题未来是可以解决的吗？

9.你觉得在“中国式逼婚”中，父母是否在一定程度上也是被逼迫的对象？

10.你认为“逼婚”是中国独有的社会现象吗？你认为它是一个社会问题吗？

附录三　主流媒体电竞报道中的女性媒介形象编码表

	主题	报道倾向	对象	体裁	时间	备注
“年轻”的电竞，以火箭速度取得骄人战绩	4	1	1	1	2019.3.10	纯受众
谁说女子不如男？电竞花木兰Newbee.Scarlett	3	1	2	3	2019.1.18	
电竞女团赛事少　曝光少　无投资　如何“绝地求生”	2	3	1	3	2019.1.15	
女子电竞究竟有没有路可走	4	3	1	2	2019.1.9	
围绕女性玩家做轻电竞　《球场风云》登上比赛舞台	5	1	1	1	2018.12.26	纯受众
明基将举办ZOWIE GEAR DIVINA国际女子PUBG邀请赛	1	2	1	1	2018.10.18	
七度空间冠名WUCG2018开创电竞营销新纪元	5	1	1	1	2018.7.16	纯受众
2018京东杯PUGB总决赛即将开幕　男女选手同台竞技	1	2	1	1	2018.6.13	
女性参与电竞人数激增，形成电子竞技新风景	3 4	1	1	3	2018.5.10	

	主题	报道倾向	对象	体裁	时间	备注
Miss：历经风雨毫不动摇 电竞巾帼不让须眉	3	1	1	3	2018.4.27	
电竞世界也有她们的一片天	3 4	1	2	3	2018.3.25	
京东游戏妹子杯武汉赛区比赛圆满落下帷幕	1	2	1	1	2017.10.17	
众美女领衔 WESG　这些传奇的名字都出现了	1	2	1	1	2017.6.22	
OMG 女子战队微博宣布解散 关注度不如游戏主播	2	3	1	1	2017.2.15	
长相甜美身材劲爆　一线电竞女主播身价过千万	3 4	1	1	2	2016.3.24	
电子竞技是最赚钱的体育项目吗？	4	2	1	2	2015.1.12	
萌妹子电竞世锦赛夺冠　自称是"很懒的吃货"	2	1	2	3	2014.11.19	
电竞女子天生不如男？游戏较量是否要分性别	4	2	2	2	2014.2.17	

参考文献

陈阳.大众传播学研究方法导论[M].2 版.北京:中国人民大学出版社,2015.

戴扬,卡茨.媒介事件:历史的现场直播[M].麻争旗,译.北京:北京广播学院出版社,2000.

冯媛.媒体工作者培训手册[M].北京:中国社会科学出版社,2004.

福柯.规训与惩罚[M].刘北成,杨远婴,译.北京:生活・读书・新知三联书店, 2012.

戈夫曼.日常生活中的自我呈现[M].冯钢,译.北京:北京大学出版社,2008.

凯尔纳,贝斯特.后现代理论[M]. 张志斌,译. 北京:中央编译出版社,1999.

李普曼.公众舆论[M].阎克文,江红,译.上海:上海人民出版社,2002.

米尔斯.社会学的想像力[M].陈强,张永强,译.北京:生活・读书・三联书店,2005.

默多克,等.新媒体、社会性别、市场经济与都市交往实践[M].曹晋,译.上海:复旦大学出版社,2014.

上野千鹤子.厌女:日本的女性嫌恶[M].王兰,译.上海:上海三联书店,2015.

维曼,多尼米克.大众传媒研究导论[M].8 版.北京:清华大学出版社,2006.

宣宝剑.媒介形象学[M].北京:中国传媒大学出版社,2009.

张敬婕.性别与传播[M].北京:中国传媒大学出版社,2009.

张李玺,刘梦.中国家庭暴力研究[M].北京:中国社会科学出版社,2004.

张李玺.角色期望的错位:婚姻冲突与两性关系[M].北京:中国社会科学出版社,2006.

张亚林,曹玉萍.家庭暴力现状及干预[M].北京:人民卫生出版社,2011.

郑杭生.社会学概论新修[M].3 版.北京:中国人民大学出版社,2003.

中共中央马克思恩格斯列宁斯大林著作编译局.马克思恩格斯选集:第 4 卷[M].北京:人民出版社,1995.

周翔.传播学内容分析研究与应用[M].重庆:重庆大学出版社,2014.

陈磊.微观权力视角下自愿戒瘾场域的身体规训[D].广州:中山大学,2012.

陈晓燕,宁焕侠.对媒体中家暴事件报道的思考[J].新闻战线,2016(6).

陈阳.框架分析:一个亟待澄清的理论概念[J].国际新闻界,2007(4).

冯媛.去权和赋权:对李阳家暴报道和媒体呈现性别暴力的辨析和思考[J].妇女研究论丛,2013(3).

韩玉璋.论媒体对体育明星形象塑造的反思[J].新闻战线,2016(6).

胡春光.权力的眼睛:论福柯对权力的分析[J].重庆师范大学学报(哲学社会科学版),2011(3).

胡健.数字体育背景下电子竞技运动的发展现状与趋势[J].成都体育学院学报,2004(30).

胡澎.从“贤妻良母”到“新女性”[J].日本学刊,2002(6).

黄加瑶.大众传播媒介中的女性形象[J].新闻前哨,2018(7).

霍连彬,米丹.替代性满足:亲密关系视角下手游《恋与制作人》的用户研究[J].东南传播,2018(6).

姜亦炜.婚姻中的社会干预:基于“知乎”中关于“中国式逼婚”的访谈调查[J].浙江社会科学,2017(11).

李秋玲.媒体家庭暴力内容呈现问题探析[J].新闻研究导刊,2017(8).

刘金东,杨晨.父母赠予如何影响子女首套房购置行为:基于年轻子女微观调研数据[J].理论经济研究,2016(5).

刘同舫,史英哲.人的解放与福柯的反抗权力策略[J].华南师范大学学报(社会科学版),2013(5).

卢念.媒介刻板印象对女性社会形象塑造的影响研究[J].新闻研究导刊,2018(21).

吕频.媒介传播的性别反思:以李阳家暴事件为核心[J].妇女研究论丛,2013(3).

马元龙.主体、权力和反抗[J].马克思主义与现实,2017(5).

潘陈青.新闻客观性论析:以“李阳家暴”事件报道为例[J].东南传播,2012(3).

青连斌.社会问题的六大特点[J].理论前沿,2002(10).

盛菊霞.论电子竞技运动对青少年的负面影响及相应对策[J].宁波广播电视大学学报,2009(3).

孙青青,郑丽君,郑涌.性客体化与女性自我客体化[J].心理科学进展,2013(10).

谭亚明.媒体报道要走出性别认知困境:以媒体报道的李阳家暴事件为例[J].今传媒,2012(20).

唐觐英.“李阳家暴事件”媒体话语空间的“家暴”叙事[J].妇女研究论丛,2013(3).

王凤仙.怎样报道家庭暴力[J].妇女研究论丛,2002(2).

王皓宇.新闻媒体在公共政策议程中的功效研究:以《中国妇女报》关于反家暴法的报道为例[J].东南传播,2016(9).

王文雨.电视新闻专题节目《看见》中的符号互动分析:以《柴静:专访“李阳家暴”事件》为例[J].东南传播,2012(6).

魏华,周宗奎,牛更枫,等.定制、角色依恋和网络游戏忠诚的关系研究[J].心理科学,2014(37).

温彩云,周宣任.恋爱·游戏·白日梦:女性向恋爱类游戏的心理作用机制分析[J].艺术评论,2018(8).

吴仙.基于内容分析法的中国家暴根源探析:以李阳家暴门为例[J].现代妇女,2012(2).

吴晓.报道家庭暴力:新闻专业主义给中国媒体的借鉴与思考[J].妇女研究论丛,2006(1).

肖映萱."女性向"网络文学的性别实验:以耽美小说为例[J].中国现代文学研究丛刊,2016(8).

肖映萱."宅腐双修:'女性向·耽美'"单元导读[J].文艺理论与批评,2018(5).

谢雨忻. 对中国女性向手机游戏发展历程中女性用户群体的解读[J].视听,2018(5).

阎婷,陈达.传媒与暴力行为关系的换位研究与思考:从传媒的家庭暴力宣传中得到的启示[J].吉林公安高等专科学校学报,2006(4).

阳骏滢,黄海燕,张林.中国电子竞技产业的现状、问题与发展对策[J].首都体育学院学报,2014(26).

杨佳佳."父母逼婚"现象的社会学解读[J].当代青年研究,2014(6).

叶广云.让打老婆孩子的人输得心服口服:有关反家庭暴力报道的运作与思考[J].新闻天地,2003(8).

支纪强.媒体关于家庭暴力报道的问题与对策:以"桐城虐妻案"为例[J].新闻世界,2010(5).

钟智锦.使用与满足:网络游戏动机及其对游戏行为的影响[J].国际新闻界,2010(32).

赵雯.反家暴,媒体的力量有多大? [N].检察日报,2006-12-07.

后 记

技术发展势必带来社会转型和社会关系的重构,在新媒体日益发展普及的环境下,大多数女性已经摆脱传统家庭妇女地位;手机应用普及、职业角色多元、人口结构调整、社会分工细化等,都使女性的受教育程度、社会地位有了明显改观。然而,研究发现,女性在获得更多机会的同时,随之而来的压力也在逐渐增大,人们更多关注女性所获得的,却往往忽视了在获得的同时,女性所付出的代价和承受的压力。女性仍然面临家庭、生育、刻板印象等不同层次的社会问题。

本书希望通过分析女性呈现出来的社会形象,挖掘深层次的原因,寻求解决问题的途径,最终有利于女性摆脱束缚,实现彻底的解放。这种解放是身体的解放,是心灵的解放,更是能够体会到幸福的思想解放。

本书的写作,是众多师友同学鼎力合作的结果。具体情况如下:

第一章　周丽娜　明山

第二章　韩运荣　明山

第三章　韩运荣　漆雪

第四章　欧阳思敏　周丽娜

第五章　程秀蓉　周丽娜

第六章　龙相名　周丽娜

第七章　韩运荣　王杏予

由于作者能力与水平有限,文中某些理论和观点难免存在片面性,提出的方法和所建立的问卷模型难免有不妥之处,希望读者批评指正。

图书在版编目(CIP)数据

新媒体环境下女性问题研究/周丽娜，韩运荣著.--北京：中国传媒大学出版社，2021.4
ISBN 978-7-5657-2865-5

Ⅰ.①新… Ⅱ.①周… ②韩… Ⅲ.①传播媒介—关系—女性—社会问题—研究 Ⅳ.①C913.68

中国版本图书馆CIP数据核字(2020)第256921号

新媒体环境下女性问题研究

XINMEITI HUANJING XIA NÜXING WENTI YANJIU

著　　者 周丽娜　韩运荣
策划编辑 李水仙
责任编辑 李水仙
封面设计 大鹏设计
责任印制 李志鹏

出版发行 中国传媒大学出版社
社　　址 北京市朝阳区定福庄东街1号　**邮　　编** 100024
电　　话 86-10-65450528　65450532　**传　　真** 65779405
网　　址 http://cucp.cuc.edu.cn
经　　销 全国新华书店

印　　刷 唐山玺诚印务有限公司
开　　本 710mm×1000mm　1/16
印　　张 13.75
字　　数 189千字
版　　次 2021年4月第1版
印　　次 2021年4月第1次印刷

书　　号 ISBN 978-7-5657-2865-5/C·2865　**定　　价** 69.00元

本社法律顾问：北京李伟斌律师事务所　郭建平